REPONSE
AUX LETTRES
ÉCRITES
DE LA CAMPAGNE.

1764.

REPONSE
AUX LETTRES
ECRITES
DE LA CAMPAGNE.

SI les matières dont il s'agit dans l'ouvrage intitulé *Lettres écrites de la Campagne*, n'étoient pas aussi graves & aussi importantes qu'elles le sont, il y a longtems, Monsieur, que j'aurois satisfait à vos desirs, & répondu à ce que vous attendez de moi à si juste titre.

Il ne m'eût pas été difficile de démontrer la fausseté des principes de l'Auteur de ces Lettres, de dévoiler ses sophismes, de renverser ses conséquences hazardées, & de faire toucher au doigt les contradictions fréquentes où il tombe. Mais il falloit plus que cela. Dans une affaire qui intéresse directement le bien Public, mes idées ne me suffisoient pas; le sentiment d'un feul pouvoit ne pas être celui des autres. C'eſt ce qui m'a engagé à communiquer mes réflexions à mes Concitoyens. J'ai reçu leurs avis; j'ai profité de leurs lumières; & je puis enfin vous préſenter le réſultat du travail de pluſieurs. Je ne ferai que la bouche de tant de braves & vertueux Patriotes, qui, ſentant le prix de la liberté dont par la grace de Dieu leur chère Patrie jouit encore, n'ont d'autre but que de repouſſer les atteintes qu'on voudroit y donner, & de conſerver dans toute ſa pureté un bien que leurs Ancêtres ont acquis au prix de leur ſang: bien dont ils feroient indignes de jouir, ſi jamais par un manque de vertu & par une lâcheté impardonnable, ils ceſſoient de le défendre.

Ne vous attendez pas, Monſieur, à un ſtile égal à celui des Lettres que je combats: je ferai content ſi j'emporte l'éloge de la clarté & de la préciſion: mon but eſt de convaincre; je ne cherche à féduire perſonne.

Je fuivrai l'Anonyme (c'eſt ainſi que je déſignerai conſtamment l'Auteur des cinq

PREMIERE LETTRE.

cinq Lettres) le plus qu'il me fera possible, pas-à-pas, en suivant l'ordre que lui-même s'est prescrit.

La première de ses Lettres roule sur cette question: *le Jugement du Magnifique Conseil sur les livres de Monsieur Rousseau, & le décret sur sa personne, sont-ils réguliers?* (3) (*a*)

Mais avant de passer à la tractation de cette matière, l'Auteur discute deux autres points qui méritent que nous nous y attachions un moment.

Le premier regarde les Sieurs Bardin (6). Le second le sistême des Représentations en général (8).

(*b*) Les Citoyens & Bourgeois reconnois-
sent

___

(*a*) Le Chiffre indiquera constamment la page des Lettres de la Campagne. Je me sers de l'Edition qui contient 174 pages, & qui est la dernière, si je ne me trompe.

(*b*) Nous entendons les Citoyens & Bourgeois Représentans, & nous prions le Lecteur de ne pas perdre de vue cette note, afin qu'on ne nous accuse point de parler au nom de ceux de nos Concitoyens qui ne se sont pas présentés avec nous, quoique nous travaillions pour leur liberté, & pour celle de leur postérité, aussi bien que pour la nôtre. Nous espérons que cet Ouvrage les éclairera sur les vrais intérêts de notre Patrie, qui, sans doute, ne leur sont pas moins chers qu'à nous.

sent avec plaisir qu'on pourroit passer sous silence l'affaire des Sieurs Bardin : elle a été terminée de manière à ne point laisser de doute sur la justice de la plainte. Mais ils ne sauroient sans prévariquer se taire également sur les principes dangereux que l'Anonyme tâche d'établir à cette occasion. Les voici.

1°. ,, Tant qu'une affaire est pendante
,, devant les Tribunaux, on ne pourra
,, faire des représentations (4). "

2°. ,, Quand une affaire particuliére a
,, été jugée par les Tribunaux qui ont
,, droit d'en décider, on ne peut sous
,, aucun prétexte, faire des représenta-
,, tions pour en obtenir la *réparation*,
,, le *redressement* (5). (c)

Reprenons ces deux points. Et d'abord, Mr. convenez avec moi, qu'ici il y a de l'art ou de la méprise; & nous sommes bien résolus de n'admettre ni l'un ni l'autre.

L'Anonyme parle de l'affaire de Mrs. Bardin, & ne fait les deux raisonnemens
que

(c) Nous mettons ces deux mots en Italique, d'après l'Anonyme ; quoique nous ignorions pourquoi il les a fait imprimer dans ce caractère.

que je viens de citer, que pour prouver que le M. C. a très-bien répondu, en déclarant que *l'intérêt particulier des Srs. Bardin ne pouvoit être l'objet d'une Représentation publique.* Mais le prouve-t-il? Qu'est-ce *qu'une affaire pendante devant les Tribunaux*? C'est un procès; c'est un intérêt particulier sur lequel on est certain d'être ouï contradictoirement; une affaire qui pour l'ordinaire ne regarde que quelque intérêt de famille, de commerce, de dédommagement. Mais Mrs. Bardin avoient-ils quelque affaire d'intérêt pendante devant les Tribunaux? Eh Mr.! l'Anonyme le sait mieux que personne: Ils avoient une affaire d'intérêt contre le M. C. qui leur avoit refusé le remboursement des livres saisis chez eux; c'étoit ce refus même qui formoit leur grief & celui de leurs Concitoyens. Ce n'étoit pas là une affaire sur laquelle on dût attendre la décision du M. C. Il l'avoit donnée. Cette décision étoit manifestement contraire aux Loix & à la Liberté publique. On étoit donc en droit de faire des Représentations, qui auroient
dû

dû être *pesées scrupuleusement*, afin de *redresser ce grief*, pour me servir des propres termes de l'Anonyme (85).

Le Conseil déclare, dit-il, *qu'il n'a jamais pensé à restreindre le droit des Représentations, qu'il examinera religieusement celles qui lui seront portées.* Mais comme l'Anonyme soutient en même tems avec le M. C. *qu'un objet particulier d'intérêt*, celui des Srs. Bardin, *ne pouvoit être celui d'une Représentation publique*; ne prétend-il pas *restreindre le droit des Représentations* aux objets publics, à ceux qui ne sont pas *des objets particuliers*?

Cependant, de l'aveu même de l'Anonyme, la proposition du Conseil, *qu'un objet particulier d'intérêt ne peut être celui d'une Représentation publique*, lui auroit paru mériter une réfutation (4). Il est donc des cas, suivant lui, où *un objet particulier d'intérêt peut être celui d'une Représentation publique*; & dans ces cas là encore, *le Corps de l'Etat que la Constitution aura chargé de l'examen de ces Représentations, devra les peser scrupuleusement, & redresser les griefs fondés* (85).

Mais

PREMIERE LETTRE.

Mais quels seront ces cas ? *Tant qu'une affaire est pendante*, dit-il, *devant les Tribunaux, on ne pourra faire des Représentations* (4) : *& quand une affaire particulière a été jugée, on ne peut sous aucun prétexte faire des Représentations pour en obtenir la réparation, le redressement* (6). Donc on ne pourra faire des Représentations sur *un objet particulier d'intérêt*, ni tandis que *l'affaire est pendante*, ni quand elle *a été jugée*. Donc *un objet particulier d'intérêt ne peut être celui d'une Représentation publique*. Donc *cette proposition prise dans toute son étendue ne méritoit pas une réfutation*. Ici l'Anonyme se trouve en contradiction avec lui-même, avec le M. C., & avec les C. & B. Représentans.

Mais ce n'est pas tout. Je viens de démontrer que le raisonnement de l'Anonyme ne prouve point ce qu'il devoit prouver par rapport à Mrs. Bardin ; je le reprends à présent en lui-même. Et d'abord je conviens sans détour, qu'il seroit absurde de faire des Représentations sur une affaire d'intérêt particulier pendante devant les Tribunaux. J'ajouterai même que lorsqu'en matière Civile un procès a été décidé en dernier reſſort entre des particuliers, il ne peut y avoir lieu à des Repréſentations publiques, à la réſerve des cas, *où*, pour me ſervir des termes de l'Anonyme (6), *les infractions à la Loi ſeroient également graves & manifeſtes.* Les intérêts de tous les Membres de la Société ſont également chers aux Citoyens ; & ils vivent à cet égard dans une ſorte de ſécurité, parce qu'ils ſe repoſent pour la déciſion des procès, ſur la ſainteté des Loix, ſur les lumières & l'intégrité des Tribunaux auxquels l'Edit en attribue la connoiſſance & le jugement. Mais s'il eſt queſtion des droits des particuliers vis-à-vis du Magiſtrat, cette ſécurité ſeroit impardonnable. L'Anonyme nous dit lui-même *qu'une confiance aveugle dans la modération du Gouvernement, ſeroit un grand défaut dans une Conſtitution* (97). La raiſon en eſt que la liberté publique ſe trouve directement intéreſſée dans ces cas-là. Car ſi, comme dans celui des Srs. Bardin, on enlève les effets

effets d'un Citoyen sans aucune forme de procès ; si, comme avant la Médiation, on prend les fonds des particuliers à cinquante sols la toise ; si, comme en 1751, on exige des contributions des proprietaires des places de l'Eglise de Saint-Pierre ; & que pour ces *objets particuliers d'intérêt*, on ne puisse pas faire des Représentations publiques pour en obtenir *le redressement, la réparation*; que deviendra le droit de propriété : celui sans lequel il n'est aucune liberté ? Est-il aucun Citoyen qui puisse se flatter d'être à l'abri de pareilles atteintes ?

Il est vrai que l'Anonyme accorde qu'on pourra faire des Représentations *pour l'avenir* (6). Mais cela suffira-t-il ? De grace sur quel fondement ces Représentations seront-elles assises ? *La chose jugée*, dit l'Anonyme, *est une chose Sacrée, elle est regardée comme la vérité même* (5). Selon lui les choses doivent rester dans l'état où elles sont, quand même des Représentations en démontreront clairement l'abus. En 1757 on promet de ne plus taxer les places ; mais en 1762 on enlève les livres

vres des Sieurs Bardin. A l'avenir on ne fera plus de pareils enlevemens; mais on ira saisir à Plein-palais les marchandises dans les boutiques des Citoyens, & on leur ordonnera de fermer ces boutiques; on ne sait sous quel prétexte. A cela succedera la violation de la dignité & du domicile des Citoyens, chez lesquels on enverra dans le milieu de la nuit une Soldatesque insolente se faire ouvrir les portes, & visiter jusques dans le lit conjugal, comme l'a éprouvé en dernier lieu Mr. Pierre Aubert, étant à sa campagne (*d*). Et ainsi d'entreprises

---

(*d*) Bien loin que l'Extrait des Régitres du M. C., du 4 Août, qui a été expédié à M. Aubert sur la plainte qu'il a portée de cette visite, puisse être considéré comme une *réparation*, il forme un nouveau grief. Cet Extrait porte :

1°. Que Monsieur le Sindic de la Garde n'avoit point donné ordre de visiter la maison où demeure le Sr. Aubert.

2°. Qu'il avoit été effectivement ordonné au Caporal de faire la visite de la petite maison du chemin creux.

3°. Que le Caporal *n'ayant pas satisfait* à cet ordre, & ayant fait sa visite dans une maison qu'il n'avoit pas ordre de visiter, il en avoit été repris, & envoyé en prison.

4°. Qu'il n'avoit pas reçu l'ordre de visiter la maison où

ſes en entreprises tous les droits des Citoyens seront successivement violés, sans qu'on

où demeure le Sr. Aubert, *attendu qu'elle n'étoit pas suspecte* de retirer des rodeurs, des inconnus & gens sans aveu; & que c'est par erreur & par méprise que le Caporal en fit la visite.

Sur quoi il est à remarquer, 1°. Que le Caporal étant interrogé par M. Aubert sur l'objet de sa commission, & averti qu'il se trompoit vraisemblablement, que M. Aubert avoit une autre Maison située dans le chemin creux, & habitée par un Fermier; il répondit d'une manière bien propre à persuader qu'il n'y avoit nulle erreur de sa part; que la maison du chemin creux, & le Fermier qui l'habite, lui étoient bien connus; & que ce n'étoit pas là que Monsieur le Sindic lui avoit ordonné de faire la visite. Il demanda si Mad^e. la Comtesse * * * ne demeuroit pas dans la même maison que le Sr. Aubert. Sur la réponse affirmative, il dit que c'étoit bien cette maison qu'il avoit ordre de visiter, à la reserve expresse de l'appartement de Made. la Comtesse * * *. 2°. Si le Caporal a visité la maison du Sr. Aubert, sans en avoir reçu l'ordre, sa faute ne peut pas être envisagée comme *une erreur & une méprise*, puisque M. Aubert lui avoit donné tous les indices nécessaires pour le tirer d'erreur. C'étoit un attentat des plus graves, accompagné d'imposture, & qui méritoit une punition exemplaire. On n'a donc point rendu au Sr. Aubert la justice qui lui étoit dûe; ou si on a cru la lui rendre, en faisant seulement entrer le Caporal en prison; on nous a appris par là le peu de cas qu'on fait des droits & prérogatives des C. & B., violés en sa personne. 3°. Les vives allarmes que manifestèrent les C. & B. en apprenant cette visite inopinée, paroissoient indiquer, au moins, la nécessité d'une déclaration du M. C., qui les rassurât pour l'avenir contre de pareilles atteintes. Mais le M. C. y a eu si peu d'égard qu'on puisse demander *ni réparation*, *ni redressement* : La liberté ne sera qu'un bien

d'égard, qu'il s'est contenté de déclarer que la maison où demeure le Sr. Aubert ne devoit pas être visitée, *attendu qu'elle n'étoit pas suspecte*. D'où il resulte que si cette maison eût été suspectée, le Caporal auroit reçu ordre de la visiter ; malgré la disposition de l'article premier de l'Edit du 28 Juin 1735, qui défend *d'employer la Garnison, ni permettre qu'elle soit employée à des fins contraires à son établissement, & aux droits & prérogatives des C. & B.* 4°. *La maison des Citoyens*, disoit Ciceron, *est un refuge si sacré pour tout le monde, que c'est un crime d'en arracher personne.* Le Droit Romain est, sans contredit, notre Droit Public, dans tous les cas où nos Loix & nos Usages n'y ont pas dérogé. Nous savons que par l'usage la maison d'un Citoyen ne peut servir de refuge à un malfaiteur. Mais en convenant de cette dérogation, pourrions-nous avouer qu'on l'étendît aussi loin que le M. C. l'a portée par la déclaration remise au Sr. Aubert ? En 1755 le nommé Laroziere, Natif, ayant volé chez Mme. Chevalier, & en étant soupçonné ; le Sr. Roch, frère de cette Dame ; désiroit que Mrs. de la Justice fissent une visite chez le voleur, dans l'idée qu'on y trouveroit le corps du délit. *On ne le peut pas*, lui répliquat-on, *vous ne comprenez pas toute l'étendue du dommage qu'on feroit à cet homme, s'il étoit innocent ; on seroit dans de grands embarras pour le réparer, ce qui est comme impossible*. Quels égards pour la maison d'un homme sans état, sans profession, sans biens, quoique faisant de grandes dépenses, sans mœurs, perdu de réputation ! Malgré les présomptions les plus fortes, on n'ose ordonner une visite chez lui, dans la crainte de lui causer *des dommages irréparables* ; & sous le simple prétexte que la maison d'un Citoyen *est suspecte*, on ne se fera aucun scrupule d'y envoyer faire une descente à main armée

dans

bien précaire sans cesse exposé à quelque nouvelle atteinte.

Et dans le milieu de la nuit! Le contraste est si frappant qu'il seroit superflu de s'étendre en réfléxions sur la facilité qu'il y auroit à suspecter la maison du Citoyen le plus vertueux, & à s'ingérer par ce moyen dans la connoissance de ses affaires les plus secrettes ; & dès-lors à quoi tiendra la liberté ? 5°. Le domicile des Citoyens a toujours été tellement respecté par le Souverain, que le Régitre public nous apprend qu'en 1568, » lorsqu'on présenta au » Consf. Gén. l'article 3 du titre 9 des Edits Civils, qui » statuoit que *les créanciers par instrument authentique,* » *portant obligation de corps, pourront aussi contraindre* » *par prison les débiteurs, &c.* ; ce Souverain Conseil ne » voulut point l'aprouver, qu'on n'y eût mis la réserve » portée par l'article 4. *Mais les Citoyens & Bourgeois* » *ne pourront être pris dans les maisons.* Les Ministres » s'élevèrent contre ce privilège, par des Représentations » en Conseil ; en disant qu'on donnoit aux Citoyens le » privilège de ne pas exécuter ce qu'ils avoient promis : » ce qui est odieux. Mais par bonnes considérations, con- » tinue le Régitre, on leur a représenté : *Que l'on ne* » *vouloit rien toucher à l'Edit, parce qu'il arriveroit* » *qu'on le renverseroit en plusieurs autres points.* » On ne pensoit pas alors que ces domiciles sacrés pussent perdre leur privilège sur de simples soupçons. 6°. Enfin le M. C. attribue aux Officiers, & même aux derniers des Officiers de la Garnison, une autorité contraire à son établissement, & à toute bonne Police. Se faire ouvrir la maison de campagne d'un particulier, pour y entrer les armes à la main dans le milieu de la nuit ; c'est exercer un des actes de l'autorité la plus absolue, & qui n'appartient qu'à des personnes constituées en dignité, & dont l'emploi & l'autorité soient si bien connus, que nul ne puisse l'ignorer ; tel que seroit dans la Ville un

Audi-

Et si du Civil nous passons au Criminel, l'Anonyme oseroit-il de bonne foi avancer cette thèse, qu'une Représentation bien fondée ne doit pas tendre à la réparation de la sentence rendue contre celui qui a été condanné mal-à-propos, mais seulement à prévenir pareille condannation pour l'avenir? Ce sistême est-il compatible avec les articles 19 & 22 du Titre 12 Des matières criminelles, qui statuent que *le Sommaire du procès sera lû devant le Peuple*, (*e*) *par l'un des Secre-*

―――――――――

Auditeur, ou en Campagne un Juge, un Châtelain, ou du moins l'Officier Commandant du quartier. Un Caporal & des Soldats de la Garnison n'ont que leur uniforme qui puisse les distinguer. Et qui empêchera à des voleurs de prendre cet uniforme; à des Soldats même, de supposer une commission qu'ils n'auront point reçue; pour s'introduire dans les maisons, se rendre maîtres de ceux qui les habitent, & les dépouiller sans résistance? Ainsi en voulant consacrer des maximes contraires à l'établissement de la Garnison; on porte atteinte aux droits des C. & B.; on attaque la sûreté publique; & on expose la Garnison même & les Particuliers, aux scènes les plus dangereuses; car chacun a droit, sans doute, de repousser la force par la force, & de se défendre contre les attaques d'une troupe à laquelle il n'est point tenu d'obéir.

(*e*) Par ce mot de *Peuple*, il faut entendre les *Citoyens & Bourgeois*. Voyez l'Election des Syndics; remarque F.

Secretaires du Conseil, au jour marqué pour l'éxécution ; après quoi, le Premier Syndic lui délivrera la sentence pour en faire aussi lecture : & que la sentence de grace ou de modération de peine sera luë avec la même formalité, afin que le Peuple en sache les motifs ? Ce sistême est-il compatible avec la belle prérogative qu'ont les Cit. & B. de faires des Représentations ; ou plutôt, n'est-il pas inventé uniquement pour en énerver toute la force ? Si les Sommaires des procès criminels, & les motifs des Sentences, même de celles de grace, doivent être communiqués au Peuple, assemblé pour cet effet à son de trompe ; seroit-ce pour que les C. & B., appellés par leur Serment à *observer & garder les libertés & Edits, à ne soufrir aucune pratique contre les Statuts,* fussent les témoins muets d'une procédure & de l'éxécution d'une sentence contraires aux Loix ? Ne soyez pourtant pas étonné, Mr., qu'on préconise le sistême de l'Auteur. Il servira à couvrir d'un manteau respectable les jugemens rendus contre les Fatio, les Le Maître, les Piaget, les

b De-

Delachana, les Revilliod, les Dentand, les Maudri, les Micheli du Creft, les Dunant, les Lenieps, les Joly, avant la Médiation; & depuis cette heureufe époque, contre les Rouffeau, les Pictet, les Duvillard. Ce font *des chofes jugées*, par conféquent *des chofes Sacrées*; elles font décidées; donc elles font la *vérité même*; & dorenavant, fuivant le fyftême de l'Anonyme, il n'y a plus de redreffement à efpérer. On pourra introduire tout ce qu'on voudra; feulement honorera-t-on les C. & B. de l'efpoir, qu'à l'avenir, quand les mêmes cas fe repréfenteront, on fera attentif à ne point retomber dans les mêmes fautes. Etoit-ce-là votre intention, Généreux Citoyens, lorfqu'à l'époque heureufe de la Médiation, vous vous fites conferver ce droit important de faire des remontrances, toutes les fois que le bien public l'éxigeroit? Vous attendiez-vous alors aux interprétations & aux reftrictions qu'on ofe nous oppofer aujourd'hui?

Elles ne nous découragent pourtant point, ces oppofitions; nous en fentons
toute

PREMIERE LETTRE.

toute la foiblesse: nous persistons au contraire avec fermeté dans les Représentations que nous avons faites; & nous allons répondre en deux mots à la seconde réflexion préliminaire de l'Anonyme, qui roule sur les conclusions prises par ces Représentations.

Le but des Représentations, dit-il, n'est pas uniforme. ,, Dans les premières
,, on demande nettement *le redressement,*
,, *la réparation.* Dans les secondes il sem-
,, ble qu'on se borne à ce que les juge-
,, mens & emprisonnemens dont on se
,, plaint, ne puissent être cités en exem-
,, ple dans la suite des tems. Dans les
,, troisièmes, les Citoyens & Bourgeois
,, persistent dans leurs Représentations
,, (7). ‟

A cela je réponds 1°. que jamais dans les Représentations dont il s'agit, les C. & B. ne se sont servis des mots *réparer, réparation*, quoique l'Anonyme en les faisant imprimer en caractère Italique, les mette mal-à-propos sur leur compte. Ils ont pris à tâche d'éviter soigneusement tous les termes qui auroient pu déplaire.

2°. En

2°. En passant sous silence plusieurs des motifs qui ont déterminé les Cit. & B. à modifier en quelque sorte leurs conclusions, j'indiquerai seulement celui-ci. Les Cit. & B. ont conclu d'abord au redressement des griefs dont ils se plaignoient, parce qu'ils avoient lieu d'attendre qu'on ne leur refuseroit pas ce redressement. Quand ils ont vû cependant que le M. C. rejettoit leur juste demande, ils ont, par amour pour la paix, & pour marquer toute leur modération, adouci *la réquisition* qu'ils avoient faite ; & quoiqu'ils ayent persisté à dire, *qu'ils espèrent que quand le M. C. aura examiné leurs nouvelles Représentations, il ne se refusera plus à leurs demandes* ; ils ajoutent, *& que les jugemens & les emprisonnemens dont ils se plaignent, ne pourront être cités en exemple dans la suite des tems.* Mais le M. C. ne satisfaisant pas même à des conclusions si modérées, les C. & B. ont cru devoir conclure d'une façon générale, & telle qu'elle quadrât aux secondes Représentations. En déclarant donc *qu'ils regardent & regarderont leurs Représentations comme sub-*

PREMIERE LETTRE.

fiftantes dans toute leur force, & qu'ils y perfifteront invariablement; ils concluent à ce que le M. C. ne refufe plus leurs demandes, telles qu'elles avoient été faites dans les premières Repréfentations; ou du moins qu'ils perfiftent à déclarer qu'ils ne fouffriront jamais que *les jugemens & les emprifonnemens dont ils fe plaignent, foient cités en exemple dans la fuite des tems*. Rien ne femble plus fimple, plus clair, plus facile à faifir. Les C. & B. font mortifiés cependant d'avoir jetté l'Anonyme dans l'embaras fur leur fyftême. S'il eut voulu prêter fa plume pour défendre les libertés de fa Patrie, tout cela, fans doute, auroit été exprimé plus intelligiblement.

Paffons préfentement avec l'Anonyme à la première queftion, fur la légalité ou l'illégalité du jugement rendu contre Mr. Rouffeau. Et pour le faire avec fruit, écartons un certain nuage dans lequel l'Anonyme a envelopé avec foin cette affaire. Il faut pour cet effet la reprendre d'origine.

Un Citoyen de Genève, homme d'un

esprit & d'un génie supérieur, & du moins entant que tel, faisant honneur à sa Patrie & à ses Concitoyens, a publié quelques ouvrages. Le M. C. y a trouvé, ou cru trouver (car cela est parfaitement indifférent) des erreurs si capitales, qu'il s'est cru obligé de rendre un jugement, non-seulement contre les livres, mais encore contre leur Auteur. Ce jugement a-t-il été rendu selon les Loix, ou contre les Loix? Voilà toute la question proposée uniment. Mais l'Anonyme que fait-il? Il décrit d'abord avec pompe tout ce qu'il trouve de mauvais, de condamnable dans les ouvrages de Mr. Rousseau. Ensuite, comme si les Cit. & B. s'étoient déclarés défenseurs de toutes les phrases contenues dans les livres de leur Concitoyen, il les nomme *ses partisans*, & à l'entendre on diroit qu'ils ne se sont récriés contre le jugement en question, que parce qu'il a été rendu contre Mr. Rousseau. Vous le savez cependant, Mr., ce n'est pas cela. Nous ne prétendons autre chose, sinon, qu'un jugement, tel que celui qui a été rendu contre Mr. Rousseau & ses écrits,

est

PREMIERE LETTRE.

est illégal, & nous fondons cette assertion principalement sur l'art. 88 de nos Ordonnances Ecclésiastiques. Voyons ce que l'Anonyme y oppose. Je crois pouvoir réduire ses principaux argumens au nombre de quatre.

1°. L'art. 88. dit l'Anonyme, *n'a pas eu pour objet* DE REGLER *la procédure, & de fixer la compétence des Tribunaux.* (13)

2°. Cet article ne porte que contre ceux qui en personne, c'est-à-dire de vive voix, *répandent dans la societé des opinions contraire aux opinions reçuës* (15).

3°. Il n'y a aucun exemple qui prouve que ledit article doive avoir un autre sens.

4°. Il n'étoit pas nécessaire dans le cas présent, de citer Mr. Rousseau à comparoître, parce qu'on tenoit *les livres qui étoient le corps du délit* (19).

La première objection de l'Anonyme est difficile à entendre; elle revient à ceci, si nous ne nous trompons. Pourquoi auroit-on dû traiter l'affaire de Mr. Rousseau en Consistoire, avant de la traiter en

Conseil? L'art. 88 dit bien que le Consistoire connoîtra des causes de Religion; mais il ne lie point *les mains à la Puissance Civile*, de manière que celle-ci ne puisse pas agir sans l'autre. *L'inaction du Consistoire*, s'écrie-t-il, *enchaînera-t-elle le Conseil?* Tout ce raisonnement porte sur un principe faux & absurde.

1°. L'inaction du Consistoire n'enchaînera pas le Conseil, parce que le Conseil ordonnera au Consistoire d'agir. Si Monsieur le Lieutenant faisoit fermer l'Audience, le M. C. s'attribueroit-il le droit de juger toutes les causes qui doivent se porter à ce premier Tribunal? Nous ne le croyons pas. Mais l'inaction du Chef de la Justice sommaire de Genève enchaîneroit-elle le Conseil? Non encore. Que feroit-il donc? Il ordonneroit à Mr. le Lieutenant de reprendre ses fonctions, tout comme il pouvoit ordonner au Consistoire de prendre en délibération l'affaire de Mr. Rousseau. Oui, Mr., nous le soutenons, la connoissance de toutes les affaires qui intéressent la Réligion, appartient en premier ressort au Vénérable Consisfiftoire. C'est une de ses attributions qui ne peuvent lui être contestées, & que le M. C. ne sauroit s'attribuer.

Mais, dit-on, de cette façon tout impie, tout auteur d'un livre scandaleux, contre la Religion, peut impunément faire ce qu'il voudra. *Car si l'Ordonnance Ecclésiastique veut que le délinquant paroisse d'abord au Consistoire, elle ne prescrit pas moins que, s'il se range, on le supporte sans diffame* (14); & cela est d'une conséquence dangereuse. Ne trouvez-vous pas, Mr., que la tolérance de l'Anonyme est un peu en défaut sur ce point? *Si quelqu'un se range, qu'on le supporte sans diffame.* Et pourquoi non? Quelqu'un aura enseigné, soit de vive voix, soit par écrit, quelques points contraires à notre Ste. Réligion; & ce quelqu'un est une personne connue. On l'appelle au Consistoire. S'il a dogmatisé de vive voix, il en montre son répentir, il convient de ses erreurs, il promet de ne les plus enseigner dans la suite, *il se range, & on le suporte sans diffame.* Si au contraire, c'est par des écrits publics qu'il a cherché à inculquer

ses

ses principes dangereux, on l'appelle également. S'il nie que ces écrits soient de lui, Eh! que lui feroit-on? Le Consistoire fait son rapport au M. C. & celui-ci alors délibère sur ce qu'il y a à faire contre ces écrits scandaleux. S'il les avoue, mais qu'il en témoigne son repentir, & le regret qu'il a de les avoir publiés, & qu'il offre d'en faire une rétractation aussi éclatante & solennelle qu'on l'exigera de lui, que fera-t-on encore à cet homme-là ? *Il se range; qu'on le supporte donc sans difame.* Sa rétractation sera la plus forte réfutation qu'on put faire de son livre, elle fera plus d'effet que toutes les procédures & toutes les condannations des Tribunaux.

Et qu'on ne dise pas avec l'Anonyme, (14), que par les principes qu'on vient de poser, on expose toute la terre à être innondée d'écrits scandaleux *au moyen d'un repentir simulé*. Nous supposons une rétractation libre, authentique, & qui aura la même publicité que le livre dont on se plaint. Nous ajoutons que l'on ne doit jamais accuser un acte libre d'être simulé, avant d'en avoir des preuves

PREMIERE LETTRE. 27

ves évidentes. Nous croyons d'ailleurs qu'un acte public, quand il seroit intérieurement peu sincère, ne laisseroit pas de produire dans le dehors le même effet, que s'il étoit le fruit de la conviction la plus parfaite. Nous ne craignons pas de le dire enfin : nous bénirions Dieu, s'il restoit aux fauteurs & aux Apôtres de l'incrédulité, qui se trouvent, hélas ! en si grand nombre dans nôtre Ville, assez de pudeur pour couvrir leur Antichristianisme, d'un voile qui diminuât le danger de la contagion.

Appliquons maintenant ces principes au cas de Mr. Rousseau.

Il paroît dans le public des livres qui causent du scandale ; on sait qu'ils sortent de la plume d'un Citoyen : il falloit donc le juger selon les Loix de l'Etat. Le Consistoire, conformément à son institution contenue en l'art. 88 de l'Ordonnance Ecclésiastique, devoit examiner les livres. Les croyant mauvais, il devoit en appeller l'Auteur ; & si après les solemnités requises pour citer un absent, cet Auteur ne venoit pas se défendre, alors le
Con-

Consistoire devoit faire son rapport au Conseil; & ce tribunal ayant le préavis du Corps Ecclésiastique, conformément à l'art. 82 de l'Ordonnance (*f*) auroit fait usage de son autorité, qui alors & alors seulement est compétente en matière de Réligion, pour me servir des termes de l'Anonyme.

C'est la marche qu'on devoit suivre. Quelque négligent qu'ait été le Consistoire à l'égard de nombre de Livres très impies imprimés dans cette Ville même; il a cependant manifesté de tems en tems qu'il connoissoit son devoir, que l'examen des Livres lui apartenoit; & tout récemment la Compagnie des Pasteurs vient de faire à cet égard une démarche qui a comblé de joye tous les véritables amis de la Réligion & de la Patrie.

C'est méconnoître l'esprit de l'art. 88, dit l'Anonyme. (13) *il prescrit au Consistoire les règles qu'il doit suivre envers ceux qui dogmatiseroient contre la doctrine reçue.*

Donc

(*f*) *Si quelcun par mépris refuse de comparoître, le Consistoire en avertira le Conseil, afin d'y donner ordre.*

PREMIERE LETTRE.

Donc il prescrit les règles qu'il devoit suivre envers Mr. Rousseau. *Il n'a pas eu pour objet de régler la procédure, & de fixer la compétence des Tribunaux.* Quoi! Mr. l'Ordonnance en prescrivant au Consistoire *les règles qu'il doit suivre*, n'a pas eu pour objet de *régler la procédure* de ce Tribunal? Quelle contradiction! L'Ordonnance dit; *si quelcun dogmatise contre la doctrine reçue, qu'il soit appellé pour conf.rer avec lui*. Où doit-il être appellé? est-ce en Conseil, ou au Consistoire? si c'est au Consistoire que l'Ordonnance l'appelle, ne fixe-t-elle pas par cela même la compétence de ce Tribunal? S'il reste quelque doute à l'Anonyme, nous le renvoyons à l'article 80 de l'Ordonnance. Il y trouvera en termes impératifs. *Que les Anciens s'assemblent le jeudi à midi avec les Ministres par chaque semaine, pour voir s'il y a quelque desordre en l'Eglise, soit en général soit en particulier, pour traiter des remèdes quand & selon qu'il en sera besoin.* Soit en général, soit en particulier! Après ces termes peut-on admettre quelques exceptions? *L'Ordonnance*, (13) continue l'Anonyme, *a voulu empêcher que le Con-*

sistoire ne sévit contre des gens auxquels on imputeroit ce qu'ils n'auroient peut-être point dit, ou dont on auroit exagéré les écarts, qu'il ne sévit, dis-je, contre ces gens-là, sans en avoir conféré avec eux, sans avoir essayé de les gagner. Mais si l'Ordonnance a voulu prévenir de pareilles vexations de la part du Corps Ecclésiastique, n'a-t-elle pas eu encore plus en vuë d'empêcher que la Puissance Civile ne poursuivit un innocent sous le spécieux prétexte de la Réligion? Le Consistoire ne peut infliger aucune peine corporelle, & il y a toûjours appel au Conseil de ses sentences. Cependant, de l'aveu même de l'Anonyme, la Loi a voulu prévenir les entreprises pernicieuses qu'il pourroit couvrir du prétexte de venger la Réligion : & elle aura laissé cette porte ouverte à la haine, au ressentiment du bras séculier ! La Loi à craint que le Consistoire ne devint un Tribunal trop redoutable, une inquisition dangereuse, quoiqu'il n'ait *nulle autorité, ni jurisdiction pour contraindre* (9) Art. 81. & cette Loi si sage aura laissé au Magistrat revêtu de la puissance exécutrice, le pou-

pouvoir de s'ériger en Inquisiteur ! L'art. 86 dit : *Quant est des vices notoires & publics lesquels l'Eglise ne peut pas dissimuler, si ce sont fautes qui méritent seulement remontrance, le Consistoire appellera ceux qui en seront coupables, pour leur remontrer amiablement, afin qu'ils s'en corrigent. Et si on y voit amendement, qu'on les laisse en paix.* L'Art. 88. dit *de celui qui dogmatise contre la doctrine reçue, qu'on le supporte sans scandale ni diffame s'il se range.* Et le Magistrat se saisissant de la cause, dira : (16) *Qu'importe la retractation simulée ou sincère de celui qui par la voye de l'impression a imbu tout le monde de ses opinions ? Le délit est consommé, il subsistera toûjours : & ce délit aux yeux de la Loi est de même espèce que tous les autres délits, où le repentir est inutile, dès que la justice en a pris connoissance.* A ce langage ne croiriez-vous pas, Monsieur, que nous avons une Loi qui range les délits contre la Réligion dans la même classe que les autres délits, une Loi opposée à la Loi Ecclésiastique ? J'ai lû quelque part que lorsqu'on annonça au Jésuite Malagrida qu'il avoit été con-

condamné à la mort, il manifesta sa surprise en disant que le Roi lui avoit pardonné; à quoi le grand Inquisiteur répondit gravement: *Le Roi ne vous a remis que les peines dûes à la Justice humaine; mais vous devez encore satisfaire à la Justice divine.* Le sistême de l'Anonyme n'est-il pas analogue à celui-là ? son raisonnement ne se réduit-il pas à ceci : *La Loi Ecclésiastique remet les peines dûes à l'Eglise ; mais il faut satisfaire à la Justice Civile ?* Pensez-vous, Mr., que Calvin, ce sage compilateur de nos Ordonnances, eut jamais adopté, ni le langage de l'Inquisiteur de Portugal, ni celui de notre Politique subtil ?

Voici encore une distinction de l'Anonyme trop singulière pour ne pas nous y arrêter un moment. *Le défaut de précision dans les termes est*, dit-il, *la source la plus ordinaire des disputes. Personne ne peut être recherché pour ses idées sur la Réligion; Il n'y a que la tyrannie qui puisse contester ce principe.* Mais des écrits contre la Réligion ne sont-ils rien de plus que des idées sur la Réligion ! Il falloit donc prouver,

PREMIERE LETTRE.

ver dans les *Représentations*, non que personne ne peut être poursuivi pour ses idées sur la Religion, ce qui est incontestable, mais pour ses écrits contre la Religion. Ce n'est pas les idées de Mr. Rousseau qu'on a flétries, & qui l'ont fait décréter, mais ses écrits.

Remarquez d'abord, Mr., ces expressions de l'Anonyme. *Personne ne peut être recherché pour ses idées sur la Religion* ; *Ce n'est pas les idées de Mr. Rousseau qu'on a flétries*. Et plus haut (19) il dit qu'*en condannant un livre, on ne condanne point les sentimens secrets de son Auteur, mais les sentimens qu'il a manifestés dans son livre*. Quelle différence concevez-vous entre les idées de Mr. Rousseau dont on parloit dans les Représentations, & les sentimens de Mr. Rousseau qu'il a manifestés dans son livre ?

Disons ensuite avec l'Anonyme, que *le défaut de précision dans les termes est la source la plus ordinaire des disputes*. Si en parlant des *Idées* d'autrui, nous faisons abstraction de tout discours, de tout écrit, personne ne pourra les connoître ; & dans ce sens il est vrai que *personne ne peut être recherché pour ses idées*. Si l'Au-

teu

teur a voulu parler de cette impossibilité absolue, ce qu'il dit à ce sujet est inutile; & nous conviendrons avec lui que *des écrits* sont plus que *des idées*, parce que *des idées* dans ce même sens ne sont rien; elles sont nulles pour tous ceux à qui elles n'ont pas été manifestées. Il faut donc parler ou écrire pour manifester ses idées; & si on me poursuit pour mes discours ou pour mes écrits, ne me poursuit-on pas pour mes idées manifestées par ces discours ou par ces écrits? Que signifie donc ce que nous dit l'Anonyme, que *ce ne sont pas les idées de Mr. Rousseau qu'on a flétries, mais ses écrits*? Peut-on concevoir quelque distinction entre un livre & le Sujet du livre? &, quoiqu'en dise l'Anonyme, n'est-il pas vrai que Mr. Rousseau a été *poursuivi pour ses idées sur la Religion*? Or, suivant l'Anonyme, *personne ne peut être recherché pour ses idées sur la Religion, il n'y a que la tyrannie qui puisse contester ce principe.* Donc le jugement rendu contre Mr. Rousseau est . . . . . Je m'arrête ici, parce que le principe de l'Anonyme nous
con-

conduiroit trop loin, &, pour m'exprimer plus exactement, je me servirai du principe posé dans les Représentations. *Mr. Rousseau avoit droit de n'être point poursuivi* CIVILEMENT *pour ses idées sur la Religion*, à la réserve qu'il ne se fut montré rebelle aux admonitions du Consistoire. C'est ce que l'article 88 de l'Ordonnance Ecclésiastique statue précisément.

Cet article, dit l'Anonyme (16), n'est applicable qu'à *cet ordre de personnes qui répandent par leurs discours des principes estimés dangereux.* De quels discours l'Auteur veut-il parler ? Si ce sont des discours publics, l'article ne sera applicable qu'aux Ministres & aux Maîtres chargés de l'instruction de la Jeunesse : car ce sont les seules personnes appellées à parler en public sur la Religion. Mais l'Ordonnance a pourvû ailleurs à ce cas là ; ce délit seroit bien plus considérable que celui de Mr. Rousseau ; & dans les principes de l'Anonyme, il seroit encore du ressort du Conseil. *Dans cette matière,* dit-il (15), *les Ministres de l'Evangile ne sont pas des Juges plus naturels que les Conseils*. Si l'Auteur n'a en vûe que les discours particuliers ; ces propos, ces principes dangereux semés dans les conversations, il n'y a pas à hésiter ; il accuse le Consistoire de la négligence la plus scandaleuse ; ou il prétend que l'art. 88 n'est applicable à aucun cas. Car si cet article n'avoit pour objet que ces principes dangereux semés dans les conversations, pourquoi le Consistoire n'a-t-il encore cité aucun de ces Incrédules déclarés, qui depuis long-tems sément dans les conversations leurs principes dangereux. Et si cet article n'est applicable ni à ces Incrédules, ni aux Personnes appellées à parler publiquement de la Religion, ni à ceux qui écrivent contre la Religion ; à qui sera-t-il donc applicable ? Cette Loi n'aura plus d'objet.

Convenons-en, Mr., l'article 88 n'a pas eu en vûe de simples idées répandues dans la conversation, mais des écrits *notoires & publics lesquels l'Eglise ne peut pas dissimuler* (g) ; ou des discours prononcés en public, lesquels ne peuvent

non

(g) Voyez ci-dessus l'art. 86.

non plus être diffimulés : car on ne peut pas apliquer les termes *de notoires*, de publics à de fimples difcours, à de fimples idées manifeftées en converfation. Cela eft fi vrai, que l'article 84 défend même d'en appeller les Auteurs au Confiftoire, parce que ce ne font point des vices *notoires* & publics. *C'eft que des vices fecrets*, porte cet article, *on les reprenne fecretement, & que nul n'ameine fon prochain en Confiftoire pour aucune faute, laquelle ne foit point notoire ni fcandaleufe, finon après l'avoir trouvé rebelle ou contempteur des remontrances particulières.*

Cependant fuivant l'Anonyme, le mot de *Dogmatifer* ne fignifie autre chofe que femer des dogmes dans la converfation. Mais quelle preuve en apporte-t-il? ou plutôt comment ne fe contredit-il pas? L'article de l'Ordonnance qui porte le mot *dogmatifer, eft applicable*, dit-il, *à ceux qui répandent dans la fociété des opinions contraires aux opinions reçues* (16). Nous adoptons cette définition; nous convenons que ce terme n'a pas d'autre fens; nous ne faurions l'expliquer mieux, & nous allons en faire l'aplication au pré-

ten-

tendu délit de Mr. Rousseau, tiré encore de l'ouvrage de l'Anonyme (10). *Il a écrit contre l'Evangile ; il cherche à le détruire, à nier les Prophéties & les miracles, il rejette la prière comme inutile; il déclare la Religion incompatible avec la liberté* &c. &c. Qu'est-ce que tout cela? Si ce ne sont pas des opinions contraires aux opinions reçues, que l'on veut que Mr. Rousseau ait répandues dans la société, nous ne savons en vérité quel nom y donner.

„ Ce n'est pas là *dogmatiser*, dit l'Ano-
„ nyme. Consultez l'usage journalier, con-
„ sultez les meilleurs Dictionnaires ; vous
„ trouverez que *dogmatiser* n'est autre cho-
„ se que semer des dogmes dans la conver-
„ sation. „ Ne trouvez-vous pas, Mr., que la façon de prouver de l'Anonyme est toute nouvelle ? S'il avoit voulu lever nos doutes sur le sens du mot *dogmatiser*, il auroit été naturel qu'il consultât lui-même, & qu'il nous communiquât les Auteurs dans lesquels il a trouvé les preuves de son interprétation. L'usage journalier, dit-il, le prouve ; les Dictionnaires l'en-

PREMIERE LETTRE.

l'enseignent. L'usage ! & de qui ? du public en général ? belle autorité ! Ce sera désormais à nos femmes que nous nous adresserons pour savoir le vrai sens d'un mot Grec. Ou plutôt l'Anonyme n'en appellera-t-il qu'au public éclairé, qu'aux gens d'étude & de lettres ? Nous l'assûrons qu'il sera trompé dans son attente. Qu'il demande ce qu'entendent en France les Edits contre les Religionnaires, qui leur défendent de *dogmatiser*, & qu'il se rappelle combien de malheureux ont été punis pour avoir semé des dogmes contraires aux dogmes reçus, en faisant entrer des livres composés par des Protestans ? Qu'il demande au Conseil Général ce qu'il a entendu par *dogmatiser* dans l'article 13 du traité avec sa Majesté le Roi de Sardaigne ? Et si pour dernier retranchement il se sauve derriére des Dictionnaires, qu'il ouvre celui de Trévoux, il y verra au long sa condannation (*h*).

Nous

(*h*) Dogmatiser, v. n. enseigner, instruire. *Aliquod dogma disseminare* (c. à d. semer, répandre un dogme

Nous ne faisons qu'indiquer nos réponses sur cette objection ; elle a paru si extraordinaire à tout le monde, que nous croyons pouvoir la passer rapidement, & examiner la troisiéme.

Il y est question de quelques exemples qu'on allègue de part & d'autre pour éclaircir le sens de ce même article 88.

Celui de Morelli embarasse un peu notre Anonyme : quoiqu'il tâche de le tourner à son avantage, il ne sauroit y réussir, & il est obligé de recourir à cette réponse triviale : *il n'est pas toûjours sûr de juger d'après un exemple* (16). Je con-

---

dogme. Il se prend d'ordinaire en mauvaise part. *Vous dogmatisez sans mission.* En France il est défendu de *dogmatiser*, d'enseigner des opinions nouvelles ; *novam non receptam in vulgus opinionem disseminare*, (répandre dans le public une opinion nouvelle & non reçue.)

Dogmatiser vient d'un mot Grec qui signifie *enseigner*. Cadmer Moine de Cantorbery dit *dogmatisare* en parlant des Monothélites. Il écrivoit au commencement du XII Siècle sous Henry I. petit-fils du Conquérant, & il est plein de semblables termes ; ce qui fait voir qu'ils étoient déja en usage dans notre langue, qui avoit passé dans cette Isle avec le Conquérant.

Dogmatiser se dit aussi en badinant de ceux qui font les Docteurs, qui se mêlent d'instruire les autres. *Doctorem agere. Dogmatiser en vers & rimer par Chapitres.* Boil.

conviens de ce principe, & peut-être aurai-je occasion de l'apliquer à l'Anonyme. Mais pour m'exprimer d'une manière plus précise, je dis qu'il n'est pas sûr de juger d'après toutes sortes d'exemples ; celui de Morelli est très-bon ; c'est un cas arrivé peu après la promulgation de l'Ordonnance Ecclésiastique. Le crime de Morelli n'étoit pas directement contre la Religion, par conséquent bien moins de la compétence du Consistoire que celui de Mr. Rousseau : cependant on l'y appelle, & il s'ensuit la procédure que l'Anonyme décrit, & qu'il appelle *très sage* (17). Eh ! si elle est très sage, pourquoi ne voulez-vous pas qu'on ait dû la suivre à l'égard de Mr. Rousseau ? *Morelli, dites-vous, étoit présent* (17). Qui vous dit que Mr. Rousseau ne seroit pas venu, qu'il n'auroit pas tâché de se défendre ? & s'il se fût mal défendu, c'est alors que le Consistoire auroit fait son rapport au Conseil, comme nous le disions plus haut, & celui-ci auroit comme dans le cas de Morelli, prononcé contre le délinquant.

De

De son côté l'Anonyme oppose exemple à exemple, & produit le procès de Nicolas Antoine. Fâcheux exemple assûrément, & que nous serions tentés de recuser, puisque l'Anonyme l'appelle *sanguinaire* (17), si nous n'espérions pouvoir démontrer la fausseté de son application. Antoine, dit-on, fut condanné sans être cité au Consistoire ; & voilà tout ce qu'on nous en apprend. Pourquoi ! parce qu'il ne convenoit pas de nous en apprendre davantage. Si l'Anonyme eut tout dit, il auroit prouvé qu'on ne pouvoit pas appeller Antoine au Consistoire, parce qu'on le tenoit à l'Hopital, où les Médecins le traitoient comme fou & furieux : il auroit démontré ensuite que quoiqu'on ne l'appella pas au Consistoire, on suivit la marche si sage qu'on avoit suivie pour Morelli ; car les Ministres, lorsque sa fureur fut calmée, firent tous leurs efforts pour le ramener, & le conjurèrent pas tout ce qu'ils purent lui dire, de renoncer à ses erreurs. Ce n'est pas tout ; & ceci est de la dernière importance. *N'ayant rien pu gagner sur lui,*

ils

PREMIERE LETTRE. 43

ils en informèrent le Conseil. Quinze Membre du Consistoire comparurent à ce sujet en Conseil le 9. Avril. Nous empruntons ces paroles de Mr. Gautier Secretaire d'Etat, dans ses notes sur l'Histoire de Mr. Spon, & nous demandons à tout Lecteur impartial, où l'Anonyme en est après cela avec son Nicolas Antoine ? S'il avoit lu cette note de Mr. Gautier, il se seroit demandé à lui-même ; Que signifie cela, *les Ministres tâchoient de le faire revenir de ses erreurs* ? Pourquoi informèrent-ils le Conseil avant son jugement, qu'ils n'avoient rien pu gagner sur lui ? Notre Auteur auroit peut-être trouvé dans sa propre réponse ce préavis Ecclésiastique que nous aimons à voir dans toutes les choses qui concernent la Religion.

A cet exemple de Nicolas Antoine nous en joindrons un qui nous paroît très analogue à la cause de Mr. Rousseau. C'est celui de Gabriel Foigny. Nous le tirons de l'Analyse raisonnée de Bayle, imprimée à Londres en 1760, T. I. p. 358. Ce Foigny, Moine défroqué, & homme de mauvaises mœurs, fit imprimer secrettement

tement dans Genève en 1676 fon *Auſtralie, ou Rélation des terres Auſtrales par Jaques Sadeur*. Le Confiſtoire croyant trouver dans ce livre pluſieurs choſes contraires à l'Ecriture Sainte, & pluſieurs impuretés, fit appeller l'Imprimeur, qui déclara que Foigny avoit fourni le Manuſcrit. Celui-ci ayant comparu, foutint vigoureuſement que Jaques Sadeur en étoit le véritable Auteur, & qu'on lui en avoit envoyé la copie de Bourdeaux. Mais enfin ayant été déféré au Magiſtrat, il avoua, étant preſſé, que c'étoit lui-même qui avoit compoſé le Livre pour gagner quelque choſe. Pour peine on lui ordonna de fortir de la Ville avec fa famille. Voilà l'article 88 de l'Ordonnance apliqué à l'Auteur d'un livre contenant des choſes contraires à l'Ecriture Sainte, & même pluſieurs impuretés. Que répondra l'Anonyme à cet exemple?

Il paroît avoir fenti le foible de celui de Nicolas Antoine; il n'y inſiſte pas long-tems, & paſſe à l'argument qu'il a jugé le plus fort en faveur de fon fiſtême. Voici à quoi il revient. Il n'étoit pas né-
ceſ-

PREMIERE LETTRE.

cessaire dans le cas présent, de citer l'Auteur à comparoître, parce qu'on tenoit les livres qui étoient le corps du délit.

L'Anonyme discute ce point avec beaucoup d'adresse. Au premier coup d'œil ses raisons éblouïssent, arrêtent. Nous croyons cependant qu'en les analysant, il n'est pas difficile d'en démontrer le peu de solidité. Tout ce qu'il dit sur ce point est fondé uniquement sur la distinction chimérique qu'il fait entre les livres de Mr. Rousseau, & Mr. Rousseau lui-même. L'Anonyme aime à conclure du général au particulier, sans trop s'embarasser s'il y a parité dans les cas qu'il pose, & si ses conclusions sont justes ou non.

Nous pouvons lui accorder presque tout ce qu'il allègue sur la condannation des livres en général; mais si nous distinguons, & que nous apliquions ce qu'il dit au cas particulier de Mr. Rousseau, nous devons au contraire lui nier à peu près toutes ses assertions.

Il est très-vrai que lorsqu'on condanne un mauvais livre dans les formes requises

fes, & que l'on ajoute, comme on le fait ordinairement, qu'il fera *informé contre les Auteurs, Imprimeurs &c.* (21) on fépare alors bien diſtinctement le livre de l'Auteur ; *qu'on ne juge que les ſentimens qu'on trouve manifeſtés dans le livre ; que le livre & le livre ſeul porte avec lui tout ce qui peut ſervir à l'abſoudre ou à le condamner* (19). En un mot il eſt évident dans ce cas-là qu'en *condamnant l'ouvrage, on ne préſume rien contre l'Auteur* (21). Et la raiſon en eſt toute ſimple : c'eſt que l'Auteur d'un tel Livre eſt cenſé Anonyme, juſques à ce qu'il l'ait avoué. La flétriſſure donc qui réſulte de la condannation de ſon ouvrage, n'eſt pas une ignominie publique ; il n'y a que lui ſeul qui la ſente : perſonne ne ſait qu'il a été flétri, & par conſéquent le jugement qu'il ſubit eſt plutôt un correctif pour ſon cœur, qu'un Acte qui doive lui attirer les reproches, le mépris, la perſécution même de ſes ſemblables. Un tel Auteur *peut ſe taire, s'il ſe croit ſupérieur au ſoupçon ; s'il y eſt ſenſible, il peut déſavouer le livre, il peut prouver qu'il n'en eſt pas*

PREMIERE LETTRE.

pas *l'Auteur, il peut l'interpréter &c.* comme le dit l'Anonyme (21). Mais de bonne foi, est-ce là le cas dont il s'agit ici ? Ce que l'Anonyme dit qu'on fait ordinairement, l'a-t-on fait pour Mr. Rousseau ? & si on ne l'a pas fait, ne condanne-t-il pas d'un trait de plume le jugement porté par le M. C. ? Ne déclare-t-il pas par cela même qu'on a agi extraordinairement ? Et de quel droit l'a-t-on fait ? Non, Mr., dans la condannation de Mr. Rousseau & de ses livres, il ne faut pas séparer ces deux objets. Le M. C. a voulu qu'on les joignit inséparablement. Il n'a pas condanné *le livre intitulé Emile, attribué à J. J. Rousseau, & portant en titre, imprimé chez tel Libraire*: Mais il a fait bruler *l'Emile de J. J. Rousseau*, nommément & positivement. Le M. C. n'a pas ordonné d'informer contre l'Auteur, l'Imprimeur &c.; ce qui eut laissé à Mr. Rousseau la faculté de venir à Genève, pour se ranger, ou pour se défendre, ou pour subir le jugement qu'on auroit cru devoir lui infliger, s'il soutenoit ses sentimens. Mais le Conseil,

comme

comme s'il avoit toutes les preuves juridiques en main, a déclaré Mr. Rousseau Auteur de ces Livres, & lui a infligé une espèce de bannissement, en le décrétant de prise de corps.

Ici, Mr., l'Anonyme se révolte. *En quel pays,* dit-il (25), *dans quels Tribunaux du monde a-t'on imaginé qu'on ne dut flétrir un livre, qu'après avoir fait juridiquement le procès à l'Auteur ?* Nous répondons hardiment, dans tous les pays, dans tous les Tribunaux du monde, excepté dans ceux où l'on n'observe aucune Loi ; & nous répondons ainsi, parce que nous nous en sommes informés.

Oui, Mr., c'est un fait, mais qu'il ne faut pas cependant concevoir sans distinction. Quand on condanne le livre d'un Auteur inconnu, incertain, ou sujet d'une Puissance étrangère, & habitant un territoire étranger, on défend, on condanne le livre, sans faire le procès de l'Auteur ; mais aussi on se garde bien de le décréter de prise de corps. Mais quand on tient un livre scandaleux qu'un Citoyen ou habitant a écrit, on procède bien

bien certainement contre l'Auteur, avant de toucher au livre. Dans plusieurs Etats on oblige l'Auteur lui-même à déchirer son Livre à l'Audience, à s'y retracter, à y demander pardon à Dieu de l'avoir écrit ; & alors il ne subit point d'autre peine. Que si l'Auteur est caché ou absent, on le proclame ; & s'il ne se présente pas, on le juge par contumace sur les preuves que le Procureur Général joint à ses conclusions. Voilà, Mr., ce qui se fait dans d'autres Tribunaux, & ce qu'il seroit à souhaiter qu'on eut fait à Genève, plutôt que de condanner un Citoyen sans l'entendre.

Que l'Anonyme dise ensuite (26) : *Mais n'arretera-t-on point un voleur, un incendiaire, un meurtrier sur de violens soupçons.* Ces comparaisons ne nous feront pas changer de sentiment. Elles ne sont pas justes, parce que pour ces crimes énormes il doit y avoir d'autres règles que pour les délits de moindre importance. Il faut d'ailleurs s'assûrer d'un incendiaire, parce qu'il continueroit ses crimes, tout comme il faut défendre la

d dis-

distribution d'un livre, afin que la contagion du mal ne s'étende pas par-tout. Mais je dis de plus qu'il faut être très scrupuleux à ne pas arrêter qui que ce soit sur des soupçons. Les présomptions ne se souffrent point en matière criminelle, à moins que ces présomptions ne soient telles que l'on puisse à-peu-près les appeller *preuves*; & c'est afin de prévenir les emprisonnemens qu'on pourroit faire trop légérement, que la Loi a voulu que personne ne pût être emprisonné *sans adstriction ni condition*. Si Mr. Rousseau eut été cité dans les règles, il seroit venu sans doute à Genève, & après avoir été appellé au Consistoire, il se seroit rangé; ou, s'il eut persisté, le Conseil, comme nous l'avons déja dit, y auroit pourvû.

Mais au lieu de cela, qu'a-t-on fait? On a ôté à un frère tout moyen d'instruction, à un Concitoyen tout recours à son Magistrat. Vous appellez le sistême de Mr. Rousseau un sistême rempli d'erreurs. Soit. Mais étoit-il impossible de de l'en faire revenir? Tout l'esprit, tous les talens, toutes les connoissances que vous lui prêtez, ne devoient-elles pas
con-

concourir à lui faire gouter le vrai que tant de dignes Pasteurs, qni siégent dans le Consistoire, lui auroient mis devant les yeux ? Etoit-il impossible *qu'il s'expliquât, qu'il interprétât ses idées* (*i*); en un

---

(*i*) Le Consistoire de Neufchatel a admis Mr. Rousseau à sa Communion, sur le rapport du Pasteur de Motiers, auquel cet Auteur a rendu compte de sa foi. *Cela prouve*, dit l'Anonyme (12), *que ce Pasteur a été persuadé du Christianisme de Mr. Rousseau; mais sa persuasion détruit-elle les ouvrages d'Emile & du Contract social ?*

Nous répondons, dans le sistême pacifique de l'Evangile, & de l'Eglise de Neufchatel, comme dans celui de nos Ordonnances; Il s'est expliqué, sans doute, il a interprêté ses idées, il s'est rangé, & on le suporte sans scandale ni diffame. L'Anonyme n'accusera pas cette Eglise de relâchement : Elle est ûnie à la notre : Son zèle pour la conservation de *la Doctrine reçue* est connu ; & il est bien certain qu'elle n'auroit pas permis dans son sein les ouvrages qu'on a imprimés chez nous. C'est cette Eglise, dont Mr. Rousseau n'étoit point membre, qui l'a accueilli dans sa disgrace, qui l'a admis à la Communion de Fidèles ; lorsque sa Patrie lui a refusé l'azile qui lui étoit aquis par sa naissance & dont les Loix devoient lui assûrer la possession ; lorsque la Puissance Civile lui a fermé l'accès à la paix & à la Communion que l'Eglise lui présentoit par nos Ordonnances. Cette disparité seroit incompréhensible, si l'Anonyme ne nous en donnoit la clé. *Mr. Rousseau*, dit-il (28), *pouvoit revenir dans Genève. Le Conseil ne pouvoit fermer les yeux sur son retour* (30). *Le décret contre Mr. Rousseau n'étoit au fonds qu'un avertissement de ne pas revenir, s'il ne vouloit pas*

un mot, qu'il se rangeât, & qu'il devînt lui-même un des plus zèlés défenseurs de l'Evangile, tel qu'il se prêche parmi nous ? & si tel cas étoit possible, à quelle extrêmité s'est-on donc porté en l'excluant, en ordonnant que, dès qu'il paroîtroit sur les terres de la Seigneurie, il fut *saisi & apréhendé* (27) ? Douceur Evangélique, charité Chrêtienne, que n'êtes-vous toûjours présentes aux yeux de ceux qui nous gouvernent, & dont les actions contribuent si fort au bonheur ou au malheur de la societé !

En vain nommera-t-on le décret contre Mr. Rousseau *le parti le plus doux* que le Conseil pouvoit suivre (31). Il ne l'est assûrément pas; & quand il le seroit, il suffit qu'il soit contraire aux Loix, pour que nous nous en plaignions. *Le premier article du serment des Bourgeois,*

dit

pas s'exposer à une procédure. Que de précautions contre le retour d'un Citoyen vertueux ! tandis qu'au mépris de nos Loix, de nos mœurs, de notre sainte Religion, & au scandale de toute la Chrêtienté, on a permis à un Etranger, faisant profession d'une Communion différente de la nôtre, & ennemi déclaré de toutes les Religions, d'aquérir un fonds sur notre territoire, d'y fixer son séjour, & d'imprimer publiquement dans notre Ville les productions de sa plume profane !

PREMIERE LETTRE.

dit l'Anonyme, *les oblige à vivre selon la Reformation du Saint Evangile. Or je demande*, ajoute-t-il, *est-ce vivre selon l'Evangile, que d'écrire contre l'Evangile* (10)? Et je demande à mon tour à l'Anonyme. Est-ce vivre selon la Réformation du Saint Evangile, que de *renoncer à la pure foi de l'Evangile*, ou, après avoir reçu la Sainte Cène, retourner dans le Papisme ? Cependant, qu'est-ce que l'Edit ordonne à l'égard de ces grands pécheurs, de ces Apostats avérés ? Les livre-t-il au bras séculier ? Non. *Qu'ils soient appellés au Consistoire pour être exhortés à venir reconnoître leur faute au Temple devant toute l'Eglise, pour là en demander pardon à Dieu, & se réconcilier à toute l'Eglise de laquelle ils s'étoient retranchés par leur chute.* art. 99.

Nous avons donc démontré que Mr. Rousseau devoit être cité au Consistoire ; que par le jugement porté contre ses livres & contre sa personne, on a péché, & contre la lettre, & contre le sens de l'Ordonnance Ecclésiastique ; qu'on s'est écarté de la route ordinaire, suivie à l'égard de Morelli & d'autres; finalement qu'on a violé la Loi Civile, en lâchant contre lui un décret de prise de corps, non-seulement sans l'entendre, mais encore en ne lui laissant la Faculté de venir se défendre, qu'au prix de ce qu'il avoit de plus précieux, sa liberté.

Ne croyez pas pourtant, Mr., qu'en nous élevant contre le jugement de Mr. Rousseau, nous nous exposions à violer le serment que nous avons prêté comme Bourgeois, & à souffrir nous-mêmes, ou que nous désirions que le M. C. souffre que *qui que ce soit fît des pratiques ou machinations contre le Saint Evangile* (30). Les C. & B. n'ont jamais adopté tout ce qui se trouve dans les livres de Mr. Rousseau: Ils lui ont laissé, & lui laissent encore à lui-même la défense de ses sentimens.

Dans la supposition qu'il y ait des choses mauvaises & contraires à l'Evangile, ils n'ont pu voir qu'avec plaisir qu'on voulût aviser à ce que ces livres ne se répandissent pas, & qu'on prît les mesures à prendre, soit contre

les

PREMIERE LETTRE. 55

les ouvrages mêmes, soit contre leur Auteur.

Mais il se sont plaints, & se plaignent encore, de ce que cela a été fait par une procédure contraire aux Loix (*k*), de ce qu'au lieu de défendre la distribution de ces Livres, on en a augmenté la célébrité, en en brulant un exemplaire, & en portant contre l'Auteur un jugement qui l'éloigne, contre le droit qu'il avoit de revenir, & de revenir comme homme libre, qui pouvoit offrir caution de ne se point éloigner jusques au jugement définitif, conformément à l'article 10. de nos *Franchises*; un jugement qui le flétrit, parce qu'il porte contre les livres & la personne; un jugement, qui, bien loin de le convertir, de l'engager à se ranger, doit opérer un effet contraire ; un jugement enfin, qui n'empêche point l'Auteur de ces Livres, de continuer, s'il le vouloit, d'écrire & de publier des ouvrages semblables à ceux dont on se plaint. Tels sont les sentimens

___

(*k*) Les C. & B. veulent parler de nos Loix connues & promulgées, & non de celles qu'entend l'Anonyme aux pages 30 & 22. lesquelles sont inconnues.

timens des C. & B. Bien loin de violer leur ferment, ils invitent le M. C. & le Vénérab. Confiftoire à veiller au maintien de leur Sainte Religion. Mais un des points qu'elle ordonne, c'eft l'obfervation des Loix. Ils les invitent furtout à ne jamais faire céder les devoirs qu'elle leur impofe, à des vûes d'une politique humaine & mal entendue, très-inutile même. C'eft tout ce qu'ils daignent répondre au parallèle que l'Anonyme fait à la page 23. de fes Lettres. Les ouvrages tolérés dont il parle, plaident eux-mêmes contre ceux qui les tolèrent; & la poftérité ne verra pas fans étonnement, fous la même datte, d'un côté le jugement des livres & de la perfonne de Mr. Rouffeau, & de l'autre le lieu d'impreffion, feulement, des ouvrages qu'on a eu en vûe dans nos Repréfentations, & que l'Anonyme rappelle.

J'ai l'honneur d'être &c.

REPONSE

A LA
SECONDE LETTRE.

UNe question en entraîne une autre, comme le dit très bien l'Anonyme. Il s'en est élevé une générale sur la forme des emprisonnemens. C'est celle que j'ai à discuter avec vous, Mr., dans cette seconde lettre.

Les C. & B. prétendent qu'on ne doit emprisonner d'office personne, si ce n'est pour *insolences*, *dissolutions*, *& autres cas semblables*, ou pour avoir été trouvé en flagrant délit; sans qu'auparavant il ait été *mandé*, *examiné & interrogé* par un de Mrs. les Sindics; & ils se fondent principalement sur cet article de l'Edit de 1568. *Quand quelque plainte viendra, qu'un chacun des Sindics ait puissance de mander ceux qu'il apartiendra, examiner,*

ner, interroger, & faire emprisonner, si mestier est.

L'Anonyme combat la proposition des C. & B. ; & pour la détruire, il cherche à prouver que le sistême des Représentations est

1°. Contraire aux Loix (33).
2°. Contraire à l'usage reçu (45).
3°. Dangereux dans ses conséquences (47).
4°. Inutile en lui-même (50).
5°. Impossible dans son exécution (50).
6°. Absurde par sa nature (54).
7°. Contraire aux règles de la sagesse (40. 41. 42.).

Le sistême des Représentations, dit d'abord l'Anonyme, est contraire à nos Loix sur les emprisonnemens.

Les articles 1. & 2. du titre 12. des matières criminelles ordonnent, qu'aucun emprisonnement n'aura lieu à l'instance de celui qui voudra faire partie formelle, que par permission de Justice ; que si l'une des Parties se sent grévée de l'Ordonnance de la Justice, elle pourra avoir re-

cours

cours aux Sindics ; & , selon l'Anonyme, l'article *Quand quelque plainte viendra &c.* n'a d'autre but que de conférer aux Sindics le même pouvoir, de connoître des parties formelles, de *mander le plaignant, celui dont on se plaint, ceux qui peuvent avoir connoissance du fondement de la plainte* (33). *Ils doivent*, dit-il, *mander le plaignant*. Mais comment *le mander* ? Il leur est présent : il porte sa plainte. L'Anonyme entend, sans doute, qu'ils le renverront chez lui pour pouvoir ensuite *le mander*.

Cet Auteur fait plus. Il a trouvé la raison pour laquelle la Loi que nous traitons a été faite ; c'est *parce qu'il y va du repos des familles, & de la tranquillité publique* (33). Les Sindics, à son avis, ne doivent être obligés *de mander & d'interroger* ; que dans les cas où il y a partie formelle, parce qu'il y va du repos des familles &c. Donc il soutiendra aussi l'inverse, savoir, que les Sindics ne doivent pas avoir le droit *de mander & d'interroger* ; quand il n'y a point de partie formelle ; parce qu'alors il n'y va
pas

pas du repos des familles, & de la tranquilité publique. Quelle abfurdité ! Le contraire n'eft-il pas évident ? Dans les cas où il y a partie formelle, la tranquilité publique, le repos des familles eft bien moins en danger que dans les emprifonnemens d'office. Dans les premiers, celui qui fait la partie formelle eft obligé de fe conftituer lui-même prifonnier ; il répond de l'événement ; il s'expofe à des réparations & à des dédommagemens très confidérables : Il n'entreprendra donc pas un procès pareil fans y avoir mûrement penfé. Dans le fecond cas, eft-il néceffaire de détailler quels périls court celui qu'on pourroit emprifonner *fans adftriction ni condition* ? Si donc la Loi n'a pas voulu qu'un innocent fût expofé à perdre la liberté dans le cas où quelqu'un lui fait partie formelle, & rifque de perdre lui-même fa liberté ; à combien plus forte raifon veut-elle qu'on prenne des précautions dans les cas où l'accufateur eft caché, & où fous prétexte de zèle pour le bien public, le délateur peut
fer-

SECONDE LETTRE. 61

servir son intérêt particulier, sa haine ou sa vengeance?

Mais d'ailleurs, que veut dire l'Anonyme? S'entend-il bien lui-même? Seroit-il en état de concilier ses propres expressions? *Quand quelque plainte viendra*, c'est-à-dire, suivant lui, quand quelqu'un voudra faire une partie formelle, les Sindics ne devront pas la permettre légérement. Pour faire une partie formelle, on s'adresse donc d'abord aux Sindics? Oui, Monsieur, selon ce que dit l'Anonyme à la page 23, mais non pas selon lui à la page 65. Ici l'Anonyme avoue que la connoissance des cas où l'on fait partie formelle, appartient au Tribunal de Mr. le Lieutenant; & *l'appel aux Sindics* ajoute-t-il, *suppose nécessairement l'existence du Tribunal des sentences duquel on appelle*. Cet appel suppose que ce Tribunal juge en premier ressort des cas, où *le plaignant veut faire une partie formelle*. Donc la première connoissance n'en est pas attribuée aux Sindics; & conséquemment ces mots, *quand quelque plainte*
viendra

viendra, ne font pas applicables à la partie formelle (*l*).

Non seulement cet article y est applicable, dit l'Anonyme, mais c'est même le seul sens qu'on puisse y donner. En l'appliquant à la partie formelle, il *est très clair; il est très louche, si on l'applique aux emprisonnemens d'office* (40).

C'est ce qu'assure l'Anonyme; mais il ne le prouve pas ; & j'ose soutenir précisément le contraire. Je l'ai déja dit; Quand il y a partie formelle, l'accusé risque peu ou point s'il est innocent ; le plaignant répond corps pour corps des événemens, si je puis m'exprimer ainsi. Pourquoi donc les Sindics dans ces cas-là manderoient - ils & interrogeroient-ils préalablement, si on n'appelle pas à eux
de

―――――――――――――――――――――――

(*l*) Il est si vrai que la première connoissance des parties formelles appartient à Mr. le Lieutenant, *qu'aucun emprisonnement*, dit la Loi, *ne sera fait à l'instance de celui qui fera partie formelle, si parties ouies, il n'a été permis par Justice.* Si Messieurs les Sindics en connoissoient les premiers, ils seroient obligés de demander permission à Mr. le Lieutenant pour faire emprisonner ; car dans ces cas *aucun emprisonnement ne sera fait,* (cela est bien formel & sans exception) *s'il n'a été permis par Justice.*

SECONDE LETTRE.

de l'Ordonnance de la Justice ? Mais dans un emprisonnement d'office, où souvent des informations imparfaites, des soupçons graves, mais qui peuvent être mal fondés; des rapports dictés par les passions, peuvent causer le malheur de ceux qui en sont la victime, l'interrogatoire provisionnel est de la plus grande nécessité.

Non, dit l'Anonyme, ce n'est que quand il y a partie formelle qu'il faut interroger; & pour le prouver, il suffit selon lui d'interpréter un article de l'Edit par un autre. L'Edit de 1568. dit, *Quand quelque plainte viendra*, & l'art. 2. de l'Edit Civil au Titre 12., des causes & matières criminelles, explique les objets de cet examen. *Les Sindics examineront si la dite plainte formelle n'est point faite par trop grande légéreté* &c. &c.

Que pensez-vous, Mr., de cette règle d'interprétation? Il me semble qu'elle suppose parfaitement ce qui est en question. 1°. Quoiqu'en dise l'Anonyme (41), les deux articles qu'on veut faire servir d'interprète l'un à l'autre, sont pris de

deux

deux titres qui ne roulent point sur la même matière. 2°. L'article tiré du titre des matières criminelles est tronqué.

Je dis d'abord que les deux articles en question sont pris de deux titres qui contiennent des matières parfaitement différentes. Daignez faire attention à cette remarque; je la crois très propre à jetter un grand jour sur la matière. Dans le premier de ces Titres, il s'agit du pouvoir qu'auront Mrs. les Sindics, non seulement en matière criminelle, mais en général. Dans le second il n'est question que des procédures criminelles, c'est-à-dire de ce qui doit se faire, lorsqu'il y a plainte formelle (car alors il y a procès), & de l'ordre qui doit s'observer après que quelcun aura été constitué prisonnier. Cet article de l'Edit ne règle en aucune façon ce qui regarde le *pouvoir d'emprisonner*, il ne parle que *de l'instruction des procès criminels* (45).

Le titre de l'Office ou du pouvoir des trois autres Sindics, après avoir réglé ce qu'ils peuvent dans le Civil, distingue le criminel en deux cas, & non en trois,

comme

SECONDE LETTRE. 65

comme il convient à l'Anonyme de le faire.

L'un regarde les cas de police; il eſt clair; nous ſommes d'accord là-deſſus.

L'autre regarde tous les empriſonnemens d'office. Quand quelque plainte viendra, que les dits Sindics, avant de faire l'empriſonnement, mandent, examinent & interrogent, afin de n'empriſonner que ſi meſtier eſt.

Voilà pour le droit, pour le pouvoir qu'ont les Sindics. *Si meſtier eſt*, ils feront empriſonner. Mais le prévenu en priſon, qu'en fera-t'on ? L'article de l'Office des Sindics ne le diſant pas, je conſulte la matière des procédures ou cauſes criminelles, & là je trouve. *Si les Sindics ou le Conſeil font prendre un criminel, qu'ils commandent au Lieutenant de le faire répondre dans 24. heures.*

Si cet article, *Quand quelque plainte viendra,* ont dit les C. & B. dans leurs Repréſentations p. 78, " n'avoit pour
„ but que les empriſonnemens en cas de
„ partie formelle, on ne trouveroit nulle
„ part le pouvoir qu'ont Meſſieurs les

e Sin-

,, Sindics de faire emprisonner pour les crimes capitaux. ,, L'Anonyme répond (38) que ce pouvoir se trouve dans cet article, *Si les Sindics ou le Conseil font prendre un Criminel.* Voilà donc suivant lui le seul titre qui authorise les Sindics & Conseil à emprisonner, *pour les crimes proprement dits, pour les crimes capitaux.* Outre que cet article ne confère point de *pouvoir* ; mais qu'il règle seulement le commencement de la procédure ; remarquez qu'il ne parle que *d'un Criminel*, & non des simples accusés, qui peuvent être innocens, comme ils peuvent être coupables. Dans le sistême de l'Auteur ces accusés, contre lesquels il pourra même y avoir de véhémens soupçons, ne pourront pas être emprisonnés ; car par qu'elle règle de Jurisprudence traiteroit-on en *Criminel* un simple accusé, sans l'avoir entendu ? Ou bien lui fera-t-on son procès pour pouvoir le déclarer criminel, & ensuite l'emprisonner ?

Mais, continue l'Anonyme (37), si cet article, *Quand quelque plainte viendra*, n'a raport qu'aux emprisonnemens
d'of-

SECONDE LETTRE.

d'office, le Législateur ne devoit-il pas statuer. *Si les Sindics ou le Conseil, après avoir interrogé un criminel, le font saisir & emprisonner, qu'ils commandent au Lieutenant de le faire répondre dans 24. heures?* Je réponds que non, parce que le Législateur a voulu que tous ceux qui seroient emprisonnés d'office, sans distinction quelconque, fussent interrogés dans les 24. heures ; & que si la Loi se fut exprimée, comme l'indique l'Anonyme, on n'auroit été obligé d'interroger dans les 24 heures, que ceux qui auroient auparavant subi l'interrogatoire préliminaire. D'où il résulteroit qu'on ne seroit point obligé de faire interroger dans 24. heures, ceux qui auroient été pris en flagrant délit, & conséquemment emprisonnés sans interrogatoire préalable ; & ceux qui n'auroient été qu'accusés, soupçonnés, & non reconnus & déclarés *criminels*; car on l'a vu, il n'est question dans cette Loi que d'un *criminel*.

Le premier interrogatoire n'est pas une procédure, comme l'Anonyme cherche à le faire croire pour dépayser son Lecteur ;

il n'eſt deſtiné qu'à décider les Sindics, ſi *meſtier eſt*, ſi le cas requiert, de faire empriſonner. Une fois empriſonné, ce n'eſt plus à eux à interroger. *Qu'ils commandent au Lieutenant de faire répondre le criminel*; prenez toûjours garde à ce terme, il eſt déja cenſé *criminel*; car Mrs. les Sindics l'ont préſumé tel par leur interrogatoire préliminaire. Ils ont déclaré qu'il étoit meſtier de l'envoyer en priſon; & ces nouveaux interrogatoires qui forment l'eſſence de la procédure criminelle, doivent ſe faire par le Lieutenant.

Je l'ai dit, Mr., tout ce titre & celui des matières criminelles dans l'Edit Politique, lequel eſt à peu de choſe près repété dans l'Edit de 1713. ne contiennent que la marche criminelle conſidérée comme procédure. Les trois premiers articles de celui de 1713. parlent clairement des cas où il y a partie formelle, & alors il y a procès; car l'accuſateur doit prouver ce qu'il a avancé. Les articles 4. & 5. règlent la procédure à ſuivre, ſi quelque huiſier ou particu-

SECONDE LETTRE. 69

ticulier a été préfent à quelque cas clair & évident qui regarde la police. L'article 6. eſt une inſtruction pour le Geolier; Les articles 7. & 8. ordonnent les interrogatoires que doit ſubir un priſonnier; L'article 10. ſtatue que le Procureur Général ſera inſtant dans les procédures criminelles, & que les Sindics & Conſeil en feront Juges. Les articles 9. & 11. roulent ſur les réponſes des criminels; les 12. & 13. ſur les témoins; les autres articles ſur la ſuite des procédures criminelles, ſoit envers les complices, ſoit envers le prévenu même, & ſur la manière de prononcer les ſentences.

Voilà en gros, Mr., le contenu du titre des cauſes & matières criminelles. N'eſt-il pas ſingulier que l'Anonyme aille chercher dans le titre de l'Office des Sindics deux ſortes d'empriſonnemens; l'un, ſelon lui, fait à la réquiſition de partie formelle; l'autre pour les affaires qui ſont du reſſort de la Police; & le troiſième dans un titre qui n'a aucun raport à celui-là?

Seroit-

Seroit-il probable que le Législateur en réglant le pouvoir des Sindics, n'eut rien dit dans le titre où il en parle *ex professo*, de l'emprisonnement le plus grave, de l'emprisonnement d'Office; & qu'il y eut réglé ce qui doit se faire dans un emprisonnement dont la connoissance ne peut venir à Messieurs les Sindics que par appel? Est-il probable que le Législateur ait laissé sans aucune restriction aux Sindics le pouvoir d'emprisonner d'office qui bon leur sembleroit, & qu'il leur ait lié les mains pour les emprisonnemens, où le Prévenu fait à qui s'en prendre, où la Cause se traite contradictoirement, & où l'accusateur, prisonnier lui-même, risque tout, s'il ne prouve pas ce qu'il a avancé? Non, Mr. Ce sistême est absurde; il ne peut entrer que dans la tête de gens qui veulent avoir raison à quelque prix que ce soit, & qui à force de tourner, de tronquer & de changer l'état de la question, parviennent à se persuader à eux-mêmes, ce dont ils ne convaincront jamais les personnes sensées, qui se donneront la peine d'éxaminer les choses par leur propres yeux.

Je

SECONDE LETTRE.

Je le répéte, Mr., & ne faurois trop le répéter. Cette matière eft la plus importante qui puiffe être traitée. Il y va de la liberté de chaque individu de la République. Dans le fiftéme de l'Anonyme, un mot, un figne d'un de Meffieurs les Sindics, pourra faire traîner le Citoyen le plus vertueux dans ces lieux affreux, où l'ignominie de la prifon, l'incertitude de l'avenir, la perfuafion même de l'innocence, déchirent tour-à-tour le détenu, & font capables d'aliéner fon efprit. Il fera arraché à fes enfans, à fon époufe qu'il laiffera dans la terreur & dans la défolation. Lui-même reftera environ vingt-quatre heures avant de favoir pour quel crime il eft emprifonné; & tandis que les Juges à pas lents & compaffés aprêteront leur Juftification, il aura la douleur de voir fes affaires domeftiques fe déranger, fa famille manquer de tout; & où cherchera-t-il enfuite fon dédommagement? Qu'on ne dife point que j'outre; il ne me manqueroit pas d'exemples; mais ils font affez recens pour que je puiffe me difpenfer de nommer ceux qui ont été les
victi-

victimes de semblables emprisonnemens. Telles sont souvent les suites inévitables du sistême qu'on ose soutenir ; tandis que celui des C. & B. n'ôte rien à Mrs. les Sindics de leur pouvoir, assûre la liberté de chaque Particulier, & ne fait aucune violence aux termes de la Loi.

Ce seront toujours Mrs. les Sindics qui auront le droit d'emprisonner ; mais en mandant & interrogeant la personne qu'ils croyent coupable ; ils s'assûreront de la verité des raports qu'on leur à faits ; ils s'éclaireront sur la conduite de celui qu'ils ont fait appeller ; ils verront s'ils peuvent se dispenser de l'envoyer en prison ; en un mot, ils se procureront à eux-mêmes la tranquilité de conscience que donne la certitude d'avoir fait tout ce qu'on a pu, pour ne pas confondre l'innocent avec le coupable.

Celui qui sera mandé, sera certain d'être envoyé en prison légalement ; il aura eu tous les moyens que la prudence humaine peut fournir pour se justifier, pour prouver son innocence, & pour éviter, ne fut-ce que pour un peu de tems, la suspension de sa liberté.

En-

SECONDE LETTRE.

Enfin en suivant ce siftême on agira conformément à nos Loix. Les Sindics pour savoir *si meftier eft* d'emprisonner, *manderont, examineront & interrogeront* au préalable *ceux qu'il apartiendra*. Voilà leur première inftruction en matière d'emprisonnement, & les conditions de la première partie de leur pouvoir.

Pour les affaires de police, chacun d'eux pourra *faire mettre en prifon, moyennant qu'il faffe d'abord fon rapart en Confeil*. C'est la feconde partie de leur pouvoir pour le criminel. Voilà tout ce que l'inftruction particulière des Sindics contient fur les emprisonnemens.

Mais comme il y a une troifième efpèce d'emprifonnement ; dans laquelle il y a une partie formelle, il a été ftatué, non dans l'office des Sindics, mais dans le titre des caufes & matières criminelles, que la Juftice devra prendre connoiffance de ces caufes-là, avant que l'emprifonnement fe permette ; & fi une des parties croit être grévée, elle peut avoir recours aux Sindics. Voilà, Monfieur, toute la matière des emprifonnemens dévelopée.

J'efpère

J'espère qu'il ne vous reste aucun doute sur le sens des Loix dans lesquelles elle est contenue. Ces Loix, comme vous le voyez, sont bien claires: pour qui veut les entendre dans le sens sous lequel elles se présentent naturellement. Elles enseignent sans équivoque que nul ne peut être emprisonné d'office, sans avoir été mandé, examiné, & interrogé auparavant. C'est ce que j'avois à montrer en premier lieu.

J'ai dit en second lieu que l'article 2. du Titre des Causes & Matières criminelles, que l'Anonyme cite, est tronqué. Cette observation est de la dernière importance, & je prie les personnes impartiales, & qui ne cherchent que la vérité, d'ouvrir l'Edit avec moi, & de juger si l'Anonyme s'est trompé lui-même, ou s'il n'a pas évidemment cherché à établir un de ces *sistêmes de fantaisie* qu'il nous reproche si mal-à-propos (61).

L'article I. de ce titre statue, qu'aucun emprisonnement à l'instance de partie formelle, n'aura lieu que *parties ouïes*, il n'ait *été permis par justice*. L'article 2.,
celui

SECONDE LETTRE.

celui que l'Anonyme a tronqué, dit. ET AU CAS QUE L'UNE DES PARTIES SE SENTIT GRÉVÉE DE CE QUI AURA ÉTÉ ORDONNÉ; ELLE POURRA AVOIR RECOURS aux *Sindics*, *qui examineront si la dite partie formelle n'est point faite par trop grande légéreté, témérité ou vengeance, si celui dont on se plaint est suspect de fuite ou non; les qualités des parties, & autres causes d'emprisonnement, pour, sur le tout, pourvoir provisionellement, s'il y échet, & ainsi qu'il conviendra.* Vous ne doutez pas, Mr., que cet article 2. ne soit rélatif au premier; qu'il n'ait uniquement en vûe que la *partie* & *l'ordonnance* de la Justice, dont il est parlé dans ce 1. article. L'Anonyme entreprend cependant de prouver, qu'il se raporte, non à cet article, mais au pénultième de l'Office des trois autres Sindics. Consultez-le à la page 41. Vous y trouverez. ,, *Les trois premiers articles de*
,, *cet Edit* (le titre 12. des Causes & ma-
,, tières criminelles) *expliquent parfaitement*
,, *l'article pénultième de l'Edit de* 1568.
,, Quand quelque plainte viendra &c. *Au*
,, *lieu que cet Article prescrivoit simplement*

,, aux *Sindics* de mander ceux qu'il apar-
,, tiendroit, examiner, interroger &c. *l'ar-*
,, *ticle* 2. *leur marque les objets de cet exa-*
,, *men.* Les Sindics examineront fi la dite
,, partie formelle n'eft point faite par
,, trop grande légéreté, témérité ou van-
,, geance ; fi celui dont on fe plaint eft
,, fufpect de fuite ou non , la qualité des
,, parties &c. *L'Edit éclaire les Sindics fur*
,, *les motifs qui peuvent rendre ces empri-*
,, *fonnemens légitimes &c.* ,,

Mais fi cet article 2. eft rélatif à l'article, *Quand quelque plainte viendra, qu'un chacun des Sindics ait puiffance de mander, examiner & interroger* ; s'il marque fi évidemment les objets de cet examen , pourquoi l'Anonyme en fuprime-t-il ces paroles remarquables, *Et au cas que l'une des parties fe fentit grévée de ce qui aura été ordonné, elle pourra avoir recours aux Sindics, qui examineront &c.* L'Auteur les a retranchées, ces paroles , par ce qu'elles indiquent manifeftement que cet article n'a en vûe qu'un recours , un appel à Mrs. les Sindics, de l'Ordonnance de la Juftice mentionnée

dans

SECONDE LETTRE. 77

dans l'article précédent; parce qu'il n'y avoit pas moyen de préfenter fon fiftême avec quelque vraifemblance, en citant l'Article en entier. Ces paroles qu'il a fuprimées ont-elles été *abrogées*? étoit-ce une de ces pièces inconnues qu'il dédaignoit de connoître (133)? ou plutôt n'a-t-il pas craint que tout fon prétendu fiftême de nos Loix fe diffipât devant elles? Admirez, Mr., la fertilité de fes reffources. Une Loi l'embaraffe-t-elle? il la tronque, il en fuprime hardiment ce qui l'incommode. Lui oppofe-t-on la conftitution fondamentale de l'Etat, ces Franchifes que tous les Bourgeois jurent *d'obferver & garder*? Il n'en tient aucun compte; *ce font*, dit-il, *des Chartres rongées* (133), *des titres furannés* (64). Ne pouvons-nous pas dire comme lui & avec bien plus de raifon. *Quels funeftes Paradoxes! Que diroient nos Pères? Que dira la Poftérité?* (134)!

II. Mais l'Anonyme n'en refte pas à l'interprétation des Loix. Pour appuyer fon fiftême il allègue l'ufage reçu (45), & prétend qu'il a été invariable depuis la date même de nôtre Constitution. *Où sont les usages*, demande-t-il, *que l'Edit de* 1738. *a déclarés avoir force de Loix, si cet usage ne l'a pas?* Pour répondre à cela, il faut, Mr., faire quelques distinctions, ou plutôt procéder avec ordre à l'examen de la matière. Je dis donc: L'Illustre Médiation n'a donné force de Loi qu'aux Us & Coutumes qui sont approuvés par les Loix. Personne n'oseroit nier ce fait. Et en accordant à l'Anonyme, ce qu'il ne prouve pas, & ce que les C. & B. ne sauroient croire, savoir qu'un usage constant ait introduit les emprisonnemens *sans adstriction ni condition*, il reste à discuter si cet usage est contraire à la Loi, ou s'il lui est conforme. S'il est conforme à la Loi, (ce que nous nions;) moyennant qu'on prouve cette conformité, & qu'on fasse conster de l'ancienneté & de la continuation non-interrompue de cet usage, il n'y a rien à dire. Dans le fond ce n'est plus alors un usage, c'est l'exécution de la Loi. Mais si l'usage est contraire à la Loi, s'il n'a pas été confirmé & autorisé par la Mé-

SECONDE LETTRE.

diation, cet usage ne s'est introduit que par surprise. Il n'est pas *us*, il est *abus*, & il doit tomber à la première opposition qu'on y fait. Tout usage introduit par ceux qui n'ont pas le droit d'en introduire, n'est qu'un usage précaire, qu'il faut faire ratifier par le Souverain, ou qui sera aboli dès qu'il se trouvera une ame assez ferme pour le contredire (*o*).

Les

(*o*) Ainsi c'est par abus qu'en 1759. on envoya un Sergent & des Grenadiers de la Garnison saisir à Penay le Sieur Dujardy Bourgeois sur la plainte de Mr. De Normandie Châtelain. Dans son cas il devoit être *mandé*; & s'il eut été coupable de quelque crime capital, c'étoit au Juge lui-même, ou à un Auditeur, & non à un sergent de la Garnison à se transporter chez lui pour l'arrêter.

C'est par abus que sur la seule plainte d'une fille on conduit en prison celui qu'elle déclare pour Père de l'enfant dont elle est enceinte; car, ou l'accusé est poursuivi d'office, ou l'accusatrice lui fait partie formelle. Si c'est d'office, il doit être mandé, examiné, interrogé, & renvoyé libre, s'il offre caution, conformément à l'article 10. des Franchises. Si la fille lui fait partie formelle, la Loi y a pourvû; il faut que cette fille donne caution, & l'emprisonnement ne peut être ordonné qu'après *parties ouïes*. L'accusé se croyant grévé de cette Ordonnance peut en appeler à Mrs. les Sindics; & s'il offre caution, pourquoi l'emprisonneroit-on ? Il ne peut

être

Les emprisonnemens *sans adjtriction ni condition*, doivent donc être rangés sous cette dernière classe.

Je être condamné qu'à épouser, ou à des dommages & intérêts. La caution répond de tout.

C'est par abus qu'on charge l'accusé, de l'enfant, lorsque dans la confrontation cet accusé ne peut pas prouver son *alibi*, ou faire retracter la fille de son accusation, quoiqu'il persiste lui-même dans la négative, & quelle ne fournisse aucune preuve. Cette Jurisprudence absolument contraire au droit Romain, & qui n'est autorisée par aucune de nos Loix, est la source de mille injustices & des plus grands désordres. Que d'innocens ont été chargés du fruit de la débauche d'autrui! Le Sieur Devignolles accusé par une fille en 1762, fut conduit en prison. Il nia le fait, & demanda d'être libéré, en offrant des titres pour sûreté. Mr. l'Auditeur le lui refusa. *Que faut-il donc faire*, s'écria-t-il, *pour sortir d'ici? Je ne veux pas y coucher.* Confessez, lui répliqua Mr. l'Auditeur, *que vous êtes Père de l'enfant, & donnez caution. Il n'est pas vrai que je le sois*, répondit le prisonnier; *mais puisque vous voulez que je l'avoue, écrivez ce que vous voudrez, & je signerai.* Il signa, sortit, & jugement fut prononcé qui le déclaroit Père de l'enfant, & le condamnoit en conséquence à s'en charger, & aux dommages & intérêts. Peu de tems après la fille confessa à son Pasteur qu'elle avoit accusé le Sieur Devignolles calomnieusement, & par les conseils de celui qui l'avoit débauchée. Ainsi ces misérables créatures, l'opprobre de notre ville, sont en quelque sorte autorisées à se livrer sans crainte à la débauche la plus infame, dans la certitude de pouvoir toûjours avec succès charger quelque innocent du fruit de leurs désordres.

C'est

SECONDE LETTRE.

Je crois vous avoir assez clairement dèmontré, Mr., dans le premier article de cette Lettre, que nos Loix sont claires &

C'est par abus que le dernier Article de l'Ordonnance Ecclésiastique ne s'exécute point.

C'est par abus que les Avocats qui plaident au Conseil des 200. lui donnent le titre de Souverain. Il semble qu'on ait voulu consacrer cet abus, en faisant imprimer deux Discours de Mr. le Procureur-Général prononcés dans le dit Conseil ; où ce Magistrat lui donne le même titre. Peut-il y avoir deux Souverains dans un Etat, & quelcun oseroit-il contester la souveraineté au Conseil-Général ? Mais le 200. juge au Civil en dernier ressort; il fait grace aux Criminels : il bat monnoye! C'est parce que le Souverain ne pouvant, sans trop d'incommodité, exercer par lui-même ces actes, l'en a chargé, bien entendu que c'est pour les exercer conformément aux Loix qu'il lui a prescrites, & auxquelles ce Conseil ne peut déroger. Voyez à ce sujet le discours de Mr. le Sindic Chouet en 1707.

C'est par abus que, contre la Disposition expresse de l'Edit du 27. Février 1518, on a admis en Conseil des personnes qui avoient prêté serment de fidélité à d'autres qu'à la Communauté. *Nul ne peut servir deux Maîtres.* Cette maxime aussi vraye en Politique qu'en Theologie, & l'Edit de 1635, furent oposés en 1703 à Monsieur Jacob De Normandie Conseiller d'Etat, parce qu'il avoit accepté le titre d'Avocat de S. M. Prussienne, qui ne le rendoit ni Sujet ni Vassal, & qu'il pouvoit résigner quand il lui plairoit. Cependant le Conseil des 200. la déclara *absolument incompatible avec la Charge de Conseiller d'Etat qu'il exerçoit.*

C'est par abus que ce Conseil au grabeau qu'il a fait le 16. 9bre dernier, d'un Citoyen Vassal d'une Puissance étran-

& précises, qu'elles enseignent le contraire de ce que veut l'Anonyme, & par conséquent, qu'elles sont en opposition avec cet usage qu'on prétend être introduit de tout tems.

L'usage introduit de tout tems est celui sur lequel nos Edits ont été composés. *Nous avons recueilli*, est-il dit dans leur préambule, *l'ordre qui jusques ici a été observé*; & cet ordre a été tiré de plus anciens Edits, tirés eux-mêmes des Franchises, qui déjà renvoyent pour les usages à des tems immémoriaux. C'est ce que

étrangère, pour la nomination à l'Emploi d'Auditeur; & agitant la question, s'il étoit admissible; a délibéré en présence de divers autres Vassaux, qui ont opiné ainsi dans leur propre cas, tandis qu'eux & leurs Parens devoient être recusés.

C'est par abus que les Pasteurs de la Campagne siégent en Consistoire, & s'érigent en Juges dans une Eglise qui ne les a point reconnus. C'est par abus qu'on y exige la Génuflexion.

Le M. C. a permis cette année à la Compagnie des Pasteurs de retrancher les premiers sermons du Jeudi entre Pâques & Pentecôte; sermons consacrés par l'usage, & par un usage certainement aprouvé par les Loix. Voilà un de ces usages respectables auxquels le M. C., ni Mrs. les Pasteur, ne pouvoient déroger. Nous espérons qu'on ne prétendra pas établir en usage cette supression même, dont nous nous plaignons.

SECONDE LETTRE.

que les C. & B. Repréfentans ont déduit avec beaucoup de raifon (*m*). Ils ont cité les articles 10. & 11. de ces Libertés & Franchifes qui devroient aſſûrer ſi efficacément la liberté des particuliers contre les emprifonnemens *ſans adſtriction ni condition*. L'Anonyme veut (133) que ces Franchifes ayent été *abrogées par les Loix poſtérieures*. *Peut-être*, dit-il encore, *nos Légiſlateurs ne les connoiſſoient pas, ou dédaignoient de les connoître*. Et cependant ces Légiſlateurs en ont ordonné l'obſervation de la manière la plus forte & la plus expreſſe : Ils ont ſtatué que tous les Bourgeois jureroient de les *obſerver & garder*. Ces Légiſlateurs ſe ſont-ils donc fait un jeu de la Religion du ſerment ? Si ces Libertés & Franchifes leur étoient inconnues, comment ont-elles paſſé juſques à nous ? Quel autre Code que ces Franchifes avoit donc la République avant l'Edit de 1543 ? Cet Edit les réſerve expreſſément, & le Légiſlateur ne les auroit pas connues ! L'Edit de 1568, fondé ſur celui de 1543, les au-

___

(*m*) Repréſ. p. 169.

ra abrogées, & cependant il ordonne de *les observer & garder*! Ces Franchises avoient été imprimées en 1507, & elles étoient inconnues, ou bien on dédaignoit de les connoître en 1543 & en 1568! Ces Franchises que les Citoyens regardoient comme le rempart de leur liberté sous un Prince Evêque, auront été abandonnées à l'heureuse époque de la Réformation, dans le tems que le Conseil Général âquit tous les droits du Prince! Et pourquoi? Pour donner à des Magistrats le droit d'emprisonner *sans aucune adstriction ni condition*! Et cela dans le tems même qu'on fait jurer à tous les Bourgeois d'observer les Franchises qui indiquent les conditions seules sous lesquelles il est permis d'emprisonner! Dans le tems qu'on ne confère aux Sindics le pouvoir d'emprisonner d'office, qu'après avoir *mandé*, *examiné & interrogé*! On jure de maintenir, garder & observer ces Franchises qui ne permettent les emprisonnemens que pour *larcin public*, *homicide manifeste*, *trahison notoire*, *& autres crimes publics*: & toutes ces conditions

ne

ne signifieront autre chose ; sinon que les Sindics, le Conseil, le Lieutenant & les Auditeurs pourront emprisonner *sans aucune adstriction ni condition* ! Les Citoyens n'auront fait tant d'efforts pour conserver & étendre leurs libertés limitées à divers égards sous un Prince Evêque, que pour se mettre sous le joug le plus dur & le plus insupportable ! On viendra leur dire froidement qu'ils ont abandonné leurs anciennes prérogatives en jurant de les *garder & observer* ! Que la République n'est devenue Souveraine que pour les rendre esclaves ! Ce ne sont point ici de vaines déclamations. Si les Magistrats peuvent emprisonner *sans aucune adstriction ni condition*, il n'y a point de Loi ; la volonté du Magistrat ; que dis-je ! de chacun des Magistrats en particulier, sera la mesure de la liberté de chaque individu!

Sans aucune adstriction ni condition ! Quels termes ! Quel arrêt, Bon Dieu ! pour un peuple libre ! Citoyens! vos Franchises, vos Loix, vos Libertés sont anéanties, si vous laissez subsister ce sistême destructeur. Le joug, le plus dur joug menace vos têtes. Fuyez ces contrées malheureuses.

Allez

Allez vous ranger fous l'Empire d'un Defpote. Vous y trouverez des Loix propices & favorables contre les emprifonnemens *fans aucune adftriction ni condition* (*n*). Si les Magiftrats vous emprifonnoient injuftement, vous n'invoqueriez pas en vain des Loix qui font auffi fages que les nôtres; vous ne les trouveriez pas réduites au filence, & fi l'on vouloit les y réduire, vous vous adrefferiez au Souverain, qui ne permettroit pas leur infraction.

Le cœur me faigne; la plume me tombe des mains. Quoi! je ne pourrai vivre dans ma chère Patrie, & être libre! Mais non, le fiftême de l'Anonyme ne fauroit prévaloir, je ne puis me le perfuader. Nous ne fommes pas des Barbares. Nous avons des loix fur les emprifonnemens. Si elles autorifoient les Magiftrats à emprifonner *fans aucune adftriction ni condition*, elles fe détruiroient elles-mêmes; car les loix fur cette matière ont autant & même plus en vûe de marquer les adftrictions & les conditions

fous

(*n*) Voyez ci-après la Loi du Dannemarc.

fous lesquelles seules on peut emprisonner, que de conférer ce pouvoir aux Magistrats. Ils aiment la Patrie, ces Magistrats, ils aiment leurs Concitoyens. Loin de les aliéner par des maximes contraires à notre Constitution, ils observeront exactement les loix, & n'emprisonneront que sous les adstrictions & conditions qu'elles leur imposent. Nous n'aurons plus à craindre les effets des fausses accusations; des raports envenimés. L'innocent ne redoutera plus les verroux ; Né libre, il vivra libre.

Nous l'avons démontré; les loix établissent avec la dernière évidence le sistême des Représentations sur les emprisonnemens. Cependant il nous reste à produire un titre dont on ne s'est point servi dans les Représentations, & qui est de la plus grande conséquence dans cette matière, ce sont les anciens Edits manuscrits, qui(*p*)

ran-

———

(*p*) C'est avec beaucoup de fondement que les C. & B. demandèrent par leur Représentation du 21. 9bre dernier la compulsion de l'Edit original de 1568, qui leur a été refusée contre tout droit & raison ; car ce n'est pas seulement à l'égard de l'Election du Trésorier qu'on
lui

rangent une partie de ce qui regarde les matières criminelles, dans le titre de l'Office des trois autres Sindics. Ils y mettent par exemple l'obligation de faire répondre un Criminel dans les 24. heures, la faculté qui lui est donnée de se justifier &c. Mais tout ce qui regarde les parties formelles, y est compris dans l'Of-

lut le jour précédent en Conseil Général autrement que dans l'Edit imprimé, mais c'est en plusieurs autres articles que l'Edition de 1707, conforme à toutes les suivantes, diffère essentiellement des Manuscrits les plus authentiques. Nous en avons un entr'autres, dans lequel le titre des matières criminelles dans l'Edit politique, est divisé en 13. articles, dont les 2. 3. 4. 5. 10. 11. 12. & 13. paroissent avoir été suprimés de ce Titre en 1707 ; les uns pour ne plus reparoître, & les autres pour être inférés dans d'autres titres. Ce n'est pas à nous à décider quels sont les meilleurs Manuscrits, & jusques où il sont préférables aux Edits Imprimés. Mais ce que les personnes les plus prévenues contre les C. & B. ne sauroient contester ; c'est que dans l'incertitude où l'on est, ils ne pouvoient pas donner une preuve plus évidente de la pureté de leur intention & de leur attachement à la Constitution fondamentale, qu'en recourant à l'original même de l'Edit, pour connoître la vérité. Cet original est un titre qui apartient au Public ; le M. C. n'en est que le Dépositaire, & il n'a pu avec fondement en refuser la communication. Si un Notaire après avoir reçu un Contract, en expédioit une Copie différente d'une autre, ou qu'il s'élevât quelque autre doute sur l'exactitude de ses expéditions, & qu'il refusât aux Parties intéressées de lever leurs doutes en leur communiquant la minute, quel jugement en porteroit le M. C. ?

l'Office du Lieutenant ; Voici le paragraphe mot à mot. " Que pour l'exécution de ses lettres, & pour défaut ou contumace, il ait puissance d'emprisonner. *Item* pour transgression de criées, en cas que le délit méritât peine, pour ce qu'il est exécuteur des criées. *Item* à la requête d'un chacun qui se fera partie formelle contre un autre, se constituant prisonnier avec lui. *Item* en matière de crime, soit d'effort, ou batterie, ou violence. Si le plaintif s'adresse à lui, & que l'homme dont on se plaint, soit suspect de fuite. Mais si c'est un homme ayant biens en la Ville & maisons, qu'il ne mette la main dessus, devant que l'avoir notifié à l'un des Sindiques, & d'avoir eu sa permission. "

Voilà, Monsieur, comment parlent nos anciennes loix, ces loix qui seules peuvent & doivent servir de fondement aux Us & Coutumes. En rapportant sous l'office du Lieutenant les cas d'emprisonnemens où il y a partie formelle, & sous le titre de l'Office des Sindics, les cas
d'em-

d'emprisonnemens sans partie formelle; elles distinguoient bien ce qu'actuellement on cherche à confondre; elles statuoient clairement ce qu'un usage abusif a renversé, si tant est qu'il y en ait un.

Qu'on ne nous allègue donc plus l'usage. Il n'est pas prouvé qu'il existe, & s'il étoit vrai qu'on eut trouvé moyen de l'introduire, il est tems que la Loi reprenne sa vigueur, que les abus se corrigent, & que les emprisonnemens ne se fassent plus, sans que les accusés soient *mandés, examinés & interrogés*, pour être vû si *mestier est* de les *emprisonner*.

III. Cette méthode seroit dangereuse, dit l'Anonyme; elle ouvriroit un azyle au crime; les C. & B. l'ont reconnu eux-mêmes. S'ils changeoient actuellement de sistême, ils feroient du Lieutenant & des Auditeurs autant de sergens (48) : & à qui ces Magistrats conduiroient-ils les accusés dans le cas où les Sindics seroient récusables (49) ?

Que d'objections ! Il est heureux pour nous qu'elles roulent toutes sur une erreur bien facile à déveloper. Distinguez

SECONDE LETTRE.

toûjours, Mr., l'interrogatoire qui précéde l'emprisonnement d'avec l'interrogatoire qui le suit, & vous trouverez sans peine la solution des argumens de l'Anonyme. Un interrogatoire préalable ouvrira la porte aux crimes! Eh! pourquoi? Le prévenu n'est-il pas pris, n'est-il pas en sûreté, quand on le mène chez un de Mrs. les Sindics? Les C. & B. n'entendent pas que, lorsque Mrs. les Sindics auront mandé à un Auditeur de s'assûrer d'une personne suspecte, celui-ci la prie civilement de se rendre à telle ou telle heure chez Monsieur le Sindic. Comme alors on lui donneroit le tems de s'évader, on ouvriroit la porte à toutes sortes de licences & de crimes. Mais quand un Auditeur ira saisir quelqu'un, & le menera chez un Sindic, en quoi cela empêchera-t-il qu'il ne soit conduit en prison *si mestier est*, après ce premier interrogatoire?

Toûjours les C. & B. ont soutenu que c'étoit là la marche que nos loix ordonnoient de suivre; & lorsqu'en 1737. ils ont souhaité qu'incontinent & dans le jour de l'emprisonnement, on en déclarât
à l'ac-

à l'accusé par écrit les causes, il ne s'agissoit pas de l'interrogatoire préalable, mais de celui qui suit l'emprisonnement. Ils firent cette requisition, pour prévenir le traitement qu'avoit essuyé en 1706 le Sieur Vaudenet qu'on laissa plusieurs semaines en prison sans l'interroger, & sans lui communiquer la cause de son emprisonnement. Les C. & B. songèrent, au tems de la Médiation, à prévenir pareille chose pour la suite, mais ne pensèrent point à se désister d'un droit aussi incontestable, que l'est celui d'être mené à un des Sindics avant l'emprisonnement.

Et ne croyez pas, Mr., que ce droit change la dignité du Lieutenant & des Auditeurs. Ils sont élus par le Peuple, parce qu'il n'y a que le Souverain qui ait le droit de créer ceux qui, sous son autorité, administrent la justice, défendent les Droits de la Communauté, & manient les finances. Mais les Auditeurs seront-ils des sergens, parce qu'ils conduiront le prévenu à un Sindic ? Si par notre Constitution un Auditeur qui prend un criminel en^t étoit en même tems le Juge, la réquisition des Citoy. & Bourg. tendroit à diminuer le lustre de sa Charge. Mais il est certain qu'il n'est que le préposé aux emprisonnemens. Ils sont faits par les huissiers en présence & sous l'autorité d'un Auditeur. Dans un Etat Monarchique ce n'est pas un Commissaire ou un huissier qui arrête les personnes d'un rang distingué ; ces emprisonnemens se font par quelque Officier revêtu d'un caractère réspectable ? Dira-t-on qu'un tel Officier n'est qu'un sergent, parce qu'il ne fait que mener un prévenu en prison ? L'Auditeur présidera donc toûjours aux emprisonnemens, soit qu'il conduise l'accusé chez un Sindic, ou qu'il le mène à droiture en prison. Après tout, peu importe ; la loi le veut ; toute autre considération doit se taire.

Mais à qui mènera-t-on une personne suspecte de crime, lorsque tous les Sindics seront ses Parens, ou qu'ils auront quelque rélation avec elle, en vertu de laquelle ils devront être recusés ? Je réponds; quoiqu'un Sindic soit parent du prévenu, conduisez chez lui le prévenu. J'ai
assez

assez bonne opinion des Chefs réspectables auxquels la Bourgeoisie entière a confié les rênes de l'Etat pour me reposer sur la sainteté de leur serment. Mr. le Sindic Des Arts n'ordonna-t-il pas lui-même l'emprisonnement de son neveu? L'Anonyme convient de la nécessité de cette marche à la page 82. *Dans les affaires criminelles*, dit-il, *il faut des informations préliminaires pour découvrir le crime, & en arrêter les Auteurs. Les premiers pas doivent se faire dans le silence. Si on commençoit par composer le Tribunal, on avertiroit les coupables. Il n'y a donc point encore d'autorité visible à laquelle on puisse recourir.* IL FAUT BIEN QUE LES SINDICS ORDONNENT LES PREMIÈRES PROCEDURES. Il faut donc bien qu'ils ordonnent les emprisonnemens, car quoi qu'ils soient récusables *il n'y a point encore* d'autre *autorité visible à laquelle on puisse recourir.*

IV. Si le sistême des Représentations n'est pas dangereux, du moins est-il inutile, à en croire l'Anonyme. L'innocence, dit-il, ne peut pas pour l'ordinaire se prouver si promtement. *Un homme est*

assas-

SECONDE LETTRE. 95

assassiné sur le grand chemin, l'assassin prend la fuite. Un passant veut lui donner du secours; ce passant s'ensanglante, son émotion passe sur son visage, il est mené au Juge (50). Mais ne pouvant prouver d'abord son innocence, il n'en est ni plus ni moins conduit en prison ; à quoi donc lui servira cet interrogatoire préalable ?

Je réponds à cet argument, qu'il prouve trop, & par conséquent ne prouve rien.

Si un homme est tué, & que l'assassin trouve moyen d'ensanglanter les habits de quelcun qu'il voit dormant à ses côtés, & de lui glisser le couteau fumant dans la poche, l'interrogatoire préalable ne servira peut-être de rien ; mais il est aussi très-possible que l'interrogatoire après l'emprisonnement soit inutile, & que l'innocent, par une de ces fatalités inévitables dans la vie humaine périsse pour le coupable. Cela prouveroit-il que l'interrogatoire en prison fut inutile ?

Mais pour un cas presqu'impossible que l'Anonyme allègue, je pourrois en

citer

citer mille qui prouveroient l'utilité de l'interrogatoire avant l'emprisonnement.

Si la loi pour les interrogatoires avant l'emprisonnement avoit été obfervée, la D^{lle}. Gerbel n'auroit pas été mife en prifon fur une accufation telle, qu'elle eft peut-être unique dans fon efpèce.

Si la loi des interrogatoires avant l'emprifonnement avoit été obfervée, les Sieurs Gaudy & Binet auroient eu un fort bien différent de celui qu'ils ont fubi. Et qu'on ne dife pas avec l'Anonyme (46) que cet exemple eft mal choifi; que ces Meffieurs avoient fubi un examen préalable. Le fait n'eft pas tel que l'Anonyme le raporte. L'un d'eux n'a point été interrogé, & l'autre l'a été fur des objets très différens du but de fon emprifonnement. Si l'on eut interrogé ces deux Citoyens avant de les mener en prifon, ils fe feroient très bien juftifiés, & ils auroient été fans doute déclarés parfaitement innocens, tout auffi-bien qu'ils le furent, d'abord après l'interrogatoire qu'ils fubirent dans la prifon.

Enfin

SECONDE LETTRE.

Enfin cet interrogatoire préalable n'est pas inutile ; car en 1763. il a évité la prison à deux personnes. C'étoient deux bouchers ; l'un nommé Fray, l'autre, Jonin. Deux personnes les accusent d'être entrés à cheval dans la Ville, ayant des porte-manteaux, & d'avoir accompagné quelqu'un soupçonné de vol. On les mène à Monsieur l'Auditeur Des Franches, qui les renvoye à Messieurs les Sindics. Ils allèguent leurs moyens de défense, sont retenus à la garde pendant quelques heures, employées par Monsieur l'Auditeur à prendre des informations sur leurs allégués ; leur innocence est reconnue, & ils sont relâchés.

Voilà l'effet des interrogatoires avant les emprisonnemens. Dites-moi à présent, Monsieur, sont-ils utiles ou inutiles ?

V. Ici s'élève une autre difficulté, telle qu'elle suffiroit seule pour renverser tout notre sistême, si elle étoit réelle. Cet interrogatoire, dit l'Anonyme, *est impossible* (50). S'il se commet un crime sur notre territoire, mais dans cette partie qui n'eſt pas contigue à notre Ville, faudra-t-il qu'on attende pour empriſonner le coupable qu'on ait obtenu la liberté de le transférer, ou qu'un de Mrs. les Sindics y ſoit allé pour l'interroger ? Non, Monſieur, rien de tout cela ; la marche eſt très-aiſée. Le Juge du lieu interrogera le Prévenu, & on le fera transférer. Arrivé en Ville, un de Meſſieurs les Sindics éxaminera pour ſavoir *ſi meſtier eſt* de l'empriſonner.

On agita de même dans le ſecond cas propoſé par l'Anonyme : cas des plus rares : cas qui porte avec lui une exception bien évidente, & qui n'a point de difficulté, parce que le Magiſtrat ne demande à une Puiſſance étrangère d'arrêter quelcun contre qui on croit avoir des preuves, que pour le faire répondre perſonnellement. Il ſubit l'interrogatoire, & il eſt empriſonné ou relâché, ſelon que *meſtier eſt*. Mais après tout, Monſieur, quel eſt le Gouvernement humain dans lequel on ne puiſſe trouver quelques inconvéniens? Ce n'eſt pas une Conſtitution parfaite que nous cherchons ; elle

elle n'est pas de cette vie. Nous défendons celle qui est conforme à nos loix, celle où il y a le moins d'inconvéniens & de mauvaises suites à redouter.

Et ne croyez pas, Monsieur, que cette méthode soit si *dangereuse* que le prétend l'Anonyme (51). Les recherches seront conduites avec autant *de diligence & de secret*; qu'on mène un homme suspect à Mrs. les Sindics, ou qu'on l'envoye en prison. Le secret & la diligence sont nécessaires avant qu'on se soit emparé de la personne ; une fois arrêtée, quelque marche qu'elle fasse, ne sera-t-elle pas déja en sûreté ? Combien de fois n'arrive-t-il pas qu'avant de mener un homme en prison, on le conduit à la Garde ? En quoi, je vous prie, cela nuit-il au secret nécessaire pour emprisonner ?

Et s'il est utile de *mettre à profit les premiers momens* (51) pour tirer d'un prisonnier sa confession, avant qu'il soit revenu de son trouble, n'est-il pas évident que ce premier interrogatoire y est bien plus propre, que celui qu'on fera après que le prévenu aura eu vingt-quatre heures pour étudier ses réponses ?

Mais les C. & B. se font-ils, continue l'Anonyme (52), *des idées bien précises de cet interrogatoire* ? N'est-il pas absurde ? Sera-ce *une conversation oiseuse*, ou une confession *signée* ? Dans le premier cas, quel en sera *l'effet, que de donner au prévenu le thême qu'il a à faire* ? Si ce sont des réponses authentiques, le second interrogatoire deviendra inutile, &c. &c.

Voilà bien des questions, Monsieur. Il faudroit composer un volume pour y répondre article par article : Mais sont-elles assez importantes pour le mériter ? Il suffira de dire.

1°. Que toutes ces questions sont inutiles, dès qu'il y a une Loi qui ordonne les interrogatoires préalables ; & j'ai prouvé qu'il y en a une.

2°. Que ces interrogats ne sont pas une chose si extraordinaire, puisque chez d'autres peuples ils sont en usage, & y sont d'une utilité reconnue.

Ainsi

SECONDE LETTRE.

Ainsi dans un Gouvernement Monarchique & absolu, en Dannemarc (*q*), „ Personne ne peut être mis en prison, „ à moins qu'il n'ait été surpris dans le „ moment où il commettoit un délit su- „ jet à une peine capitale, ou corporelle, „ qu'il n'ait avoué en Justice le dit délit, „ ou n'ait été condanné comme coupa- „ ble d'icelui. Du reste tout homme ac- „ cusé en justice pourra, en donnant cau- „ tion, venir & s'en retourner libre- „ ment de la Cour, & jouïr de toute la „ liberté nécessaire pour se défendre. "

Je dis 3°. Que les interrogats que Messieurs les Sindics feront aux prévenus, tendront à savoir s'ils peuvent donner une justification de leur conduite si claire & si évidente, qu'ils puissent convaincre sur le champ de leur innocence ; si, par exemple, ils peuvent prouver leur *alibi*, ou alléguer tel autre moyen de défense, qui démontre clairement qu'ils ne doivent pas être envoyés en prison.

VII.

_____

(*q*.) Voyez l'article 1, chap. 19. des Loix de ce Royaume dans les Lettres sur le Dannemarc, page 34.

VII. *Mais si Messieurs les Sindics*, dit l'Anonyme, *ne peuvent ordonner un emprisonnement d'office qu'après avoir mandé, examiné & interrogé ceux qui ont connoissance du crime, ils sont obligés à faire, & à faire seuls le procès de l'accusé avant que de l'emprisonner; car un procès criminel d'un bout à l'autre ne consiste qu'à mander, examiner & interroger ceux qui peuvent avoir des connoissances sur le crime qu'on poursuit* (53). *Le Sindic fera-t-il entendre les témoins qu'on lui indiquera? Recevra-t-il les uns? écartera-t-il les autres? Et fera-t-il ces procédures avant de décider sur l'emprisonnement?* L'exemple des deux bouchers suffit pour dissiper toutes les difficultés de l'Anonyme. Cet exemple prouve que lorsqu'un Accusé peut établir sur le champ son innocence, Messieurs les Sindics ne sont pas appellés *à faire & à faire seuls* son procès ; mais qu'ils décident qu'il n'y a pas lieu de lui en faire un, & que par conséquent il ne doit pas être emprisonné. Si cette réponse ne satisfait pas l'Anonyme, & que pour dissiper la crainte qu'il

a que

SECONDE LETTRE.

a que Messieurs les Sindics ne deviennent seuls Juges des matières criminelles, ou que les procédures préliminaires soient si longues qu'elles deviennent impossibles; si pour dissiper, dis-je, ces craintes de l'Anonyme, on se détermine à rayer ou suprimer de l'Edit l'article *Quand quelque plainte viendra* &c. comme très dangereux dans ses conséquences, il faudra aussi rayer & suprimer l'article 2. du Titre 12. des Causes & matières Criminelles, *Et au cas que l'une des Parties se sentit grévée de ce qui aura été ordonné* (par Justice) *elle pourra avoir recours aux Sindics, qui examineront si la dite partie formelle n'est point faite par trop grande légéreté, témérité ou vangeance; si celui dont on se plaint est suspect de fuite ou non; les qualités des Parties & autres causes d'emprisonnement, pour sur le tout pourvoir provisionellement s'il y échet & ainsi qu'il conviendra.* Une partie formelle peut avoir pour cause le crime le plus grave, aussi bien qu'une légère offense. Dans l'un comme dans l'autre cas, l'accusé ne peut être emprisonné, que *parties ouïes, ouies*, c'est-à-dire, après avoir été entendu contradictoirement avec l'Accusateur.

Et pourquoi la Loi ordonne-t-elle cette espèce de plaidoyer préalable, si ce n'est pour que la Justice *examine & interroge qui il apartiendra*, & n'envoye l'accusé en prison que *si mestier est*. Voilà donc Messieurs de la Justice *obligés à faire & à faire seuls le procès de l'Accusé*. Si l'Accusé nie, la Justice *fera-t-elle entendre les témoins qu'on lui indiquera? Recevra-t-elle les uns, écartera-t-elle les autres? Et fera-t-elle toutes ces procédures avant de décider sur l'emprisonnement?* La Justice ayant décidé, la partie grévée pourra avoir recours aux Sindics. Mais Messieurs les Sindics que feront-ils alors? L'Anonyme leur défend de *mander, examiner & interroger qui il apartiendra*. Je me trompois, Monsieur; il le leur défend dans le cas des emprisonnemens d'Office; il le leur ordonne dans les emprisonnemens à l'instance de partie formelle. Cet Auteur, qui trouve tant de difficultés dans la nécessité de *mander,*

exa-

SECONDE LETTRE. 105

examiner & interroger qui il apartiendra pour les emprisonnemens d'office, n'en trouve aucune pour la même procédure à tenir dans le cas des emprisonnemens à l'instance de partie formelle. Non seulement il admet ici la nécessité de *mander, examiner & interroger* avant d'emprisonner; mais il accumule, si je puis m'exprimer ainsi, les procédures préliminaires (41). Il transfère au cas de la partie formelle ce qui est ordonné pour la partie d'office ; & le joignant à ce qui est statué dans le cas de la partie formelle, il nous représente l'Edit comme ayant entassé expressions sur expressions pour indiquer l'examen & l'interrogat préliminaire. Dans le cas de partie formelle, fait-il dire à l'Edit, les Sindics devront *mander qui il apartiendra, examiner & interroger, & faire emprisonner, si mestier est. Ils examineront si la partie n'est point faite par trop grande légéreté, vangeance &c. ; si celui dont on se plaint est suspect de fuite ou non ; les qualités des parties & autres causes d'emprisonnement,* pour, sur le tout pourvoir provisionellement

ment s'il y échet, & ainsi qu'il conviendra. Selon lui, ils devront *mander le Plaignant, celui dont on se plaint, les personnes qui peuvent avoir connoissance du crime qu'on poursuit*; Messieurs les Sindics devront peser & examiner le plus scrupuleusement la nature de l'accusation, sonder, pour ainsi dire, les replis les plus secrets du cœur de l'accusateur; *pour découvrir si la dite partie formelle n'est point faite par trop grande légérteé, témérité ou vangeance*; ils devront prendre les informations nécessaires pour connoître la *qualité des parties*, pour savoir si l'accusé *n'est point suspect de fuite*, & peser toutes *les autres causes d'emprisonnement*. Et feront-ils ces procédures avant de décider sur l'emprisonnement? Oui, Monsieur, l'Edit prononce; *Pour sur le tout pourvoir provisionellement, s'il y échet, & ainsi qu'il conviendra.* Cependant la Justice en a déja connu; elle a dû faire auparavant les mêmes procédures, les mêmes diligences. Que de procédures à faire avant l'emprisonnement! Si elles sont dangereuses, impossibles, dans la

par-

SECONDE LETTRE.

partie d'Office ; quel jugement en porterons-nous dans le cas de la partie formelle ? Faites par la Juſtice, & répétées par Meſſieurs les Sindics, les inconvéniens doublent, ſi les craintes de l'Anonyme ſont fondées. Voilà Meſſieurs les Sindics *obligés à faire & à faire ſeuls le procès de l'Accuſé avant que de l'empriſonner*. Voilà une procédure très mal entendue, une procédure impoſſible. J'en conclurois qu'il faut retrancher auſſi de nos Edits l'article 2. du Titre 12, ſi l'Anonyme n'en faiſoit lui-même l'éloge (p. 41).

Mais, continue l'Anonyme (53), les Citoyens & Bourgeois rendent *les Sindics maîtres d'une affaire criminelle*.

Que ſignifie, je vous prie, cet argument ? En raiſonnant à la manière de l'Anonyme, je vais vous prouver que tous les individus de la République ſont *Maîtres*, ſuivant l'Edit, *d'une affaire criminelle. Si les deux parties*, dit l'article 4. du Titre 12 Des matières criminelles ; *ſont trouvées en flagrant délit ou querelle, où il y ait effuſion de ſang, ou gran-*

grande bleſſure & évidente, il ſera permis aux huiſſiers, ſergens, & à toute autre perſonne, d'arrêter les dites parties, pour les mener par devant le Lieutenant ou l'un des Auditeurs, qui connoîtra ſommairement s'ils doivent être empriſonnés. Si les huiſſiers, ſergens, ou toute autre perſonne trouvent que la bleſſure n'eſt ni aſſez *grande*, ni aſſez *évidente* pour arrêter les parties, les voilà *maîtres d'une affaire criminelle.* Mais l'Anonyme s'entend-il lui-même ? N'accorde-t-il pas à chacun de Meſſieurs les Sindics, à Mr. le Lieutenant & aux Auditeurs le droit d'empriſonner *ſans mander les accuſés, & ſans aucune adſtriction ni condition* ? à chacun des Auditeurs le droit de juger ſi l'accuſé doit, ou ne doit pas, être conduit à Meſſieurs les Sindics (54) ? Si chacun de ces Magiſtrats a le droit d'empriſonner ſans adſtriction ni condition ; il a ſans doute le droit de ne pas le faire, lorſqu'il ne le juge pas néceſſaire ; & par conſéquent le voilà *maître d'une affaire criminelle.* C'eſt ainſi que l'Anonyme toûjours inconſéquent, accorde au

Lieu-

SECONDE LETTRE.

Lieutenant & aux Auditeurs ce prétendu *pouvoir exorbitant* qu'il trouve si dangereux entre les mains des Sindics. Que dis-je ? Il le refuse aux Sindics, ce pouvoir, lorsqu'ils ont *mandé, examiné & interrogé*; mais il le leur accorde, lorsqu'ils n'ont point entendu l'accusé.

Et si, me servant des termes de l'Anonyme, je lui demande, *Pourquoi ce renversement d'ordre* ? (53) il me répondra, parce que c'est aux Auditeurs, & non aux Sindics, à *examiner & interroger*, & juger si mestier est d'emprisonner. Voici ses propres termes (53 & 54) *Si un accusé étoit muni de preuves justificatives; si, par exemple, il pouvoit prouver son alibi, s'il justifioit qu'il n'est pas celui qu'on soupçonne, y a-t-il quelque doute que le Magistrat chargé de l'emprisonnement, ne le suspendît, & n'allât prendre des ordres supérieurs* ? Mais à qui s'adressera-t-il pour avoir ces *ordres supérieurs* ? Vous présumez que ce ne peut être qu'à Messieurs les Sindics. Vous vous trompez, Monsieur. A son avis ils n'ont pas le droit de libérer l'accusé ? *Si un accusé,*

dit-

dit-il (53), *allègue des faits justificatifs, sera-t-il au pouvoir du Sindic qui l'interroge de les rejetter, ou de les admettre? Ce seroit un pouvoir exorbitant qui n'est confié par l'Edit & par les Loix de toutes les Nations, qu'au Tribunal même qui doit juger l'accusé.* Ainsi, lorsqu'un de Messieurs les Sindics aura donné ordre à un Auditeur d'arrêter quelcun, ce sera Monsieur l'Auditeur, & non Monsieur le Sindic, qui jugera si mestier est d'emprisonner. S'il juge qu'il n'y a pas lieu à l'emprisonnement, il ordonnera à Messieurs les Sindics d'assembler le Conseil. Mais si c'est pendant la nuit, dans un jour de fête, ou en tems de féries ; que fera-t-il de l'accusé en attendant que le Conseil puisse être assemblé? Ce n'est pas tout. En suivant le sistême de l'Auteur (49); le Conseil étant assemblé, il faudra procéder à la nomination des Juges, pour former un Tribunal légal. Huit jours s'écouleront peut-être, avant que ce Tribunal soit complet ; car combien n'appelle-t-on pas de Juges qui sont obligés de se recuser eux-mêmes, & qu'il faut

SECONDE LETTRE.

faut remplacer? Et encore une fois, que deviendra l'accusé pendant toutes ces opérations? C'est ainsi qu'en voulant à tout prix soutenir un sistême contraire à nos Loix, l'Anonyme se jette dans un labirinthe d'absurdités & d'inconvéniens.

Convenons donc, Monsieur, que la Loi a rendu Messieurs les Sindics les maîtres d'emprisonner ou de ne pas emprisonner. Je l'ai dit; les Citoyens & Bourgeois ont assez de confiance en ces premiers Magistrats pour ne pas craindre les effets de ce pouvoir renfermé dans les bornes de l'Edit. Il faut nécessairement le confier à quelcun; car si personne n'en étoit revêtu; personne ne pourroit faire emprisonner d'Office. Mais par la même raison qu'il est indispensablement nécessaire qu'il y ait des Magistrats autorisés à emprisonner d'office, lorsque le cas le requiert, lorsque *mestier est*; il faut qu'ils ayent le droit de libérer les accusés, lorsque *mestier* n'est pas d'emprisonner. Cela est d'une évidence palpable. Et à qui la loi pouvoit-elle confier ce pouvoir important avec plus de sagesse qu'à

Mes-

Messieurs les Sindics qui sont les premiers Magistrats de la République; qui ne parviennent à cette dignité éminente qu'à un âge où l'expérience doit faire taire les passions; & après avoir passé par divers autres emplois propres à les instruire, & à indiquer au Peuple le degré de confiance qu'ils méritent?

Il est possible qu'un Sindic abuse de ce pouvoir, qu'il libère comme innocent un homme évidemment coupable. Mais parce que cet abus est possible, faudra-t-il enlever à tous les individus de la République le moyen de salut que leur présente la Loi qui ordonne de *mander, examiner & interroger* avant d'emprisonner; ne vaut-il pas mieux qu'un coupable soit sauvé, que d'exposer tant d'innocens aux malheurs qui résultent des emprisonnemens *sans aucune adstriction ni condition*?

C'est Monsieur le Sindic de la Garde qui donne l'ordre à la Garde & aux postes. Rien de plus juste. Il se commet un meurtre, ou un homme en blesse mortellement un autre. On craint que le criminel

SECONDE LETTRE.

minel ne s'échappe, on demande à Monsieur le Sindic de la Garde l'ordre de l'arrêter aux portes. Ce Magistrat peut y pourvoir d'abord, mais il peut aussi, en retardant, favoriser l'évasion du meurtrier. Que faire à cela? ne faudra-t-il plus confier la Garde à un des Sindics, parce qu'il peut en abuser? Ici je serois en droit de dire à l'Anonyme ce qu'il nous objecte ailleurs ; *le Gouvernement n'est pas assez menaçant pour nous forcer à un changement dont il seroit impossible de prévoir les conséquences.*

Oui, un Sindic peut abuser de ce pouvoir, cela est vrai ; mais un Auditeur peut en abuser aussi, & il est même plus à craindre qu'il n'en abuse. La Loi a accordé toute sa confiance à Messieurs les Sindics, parce qu'ils sont particuliérement chargés de *maintenir & conserver la liberté, de rendre bonne & droite justice, soutenant les bons & punissant les mauvais sans haine ni faveur.* S'il leur arrive d'abuser de leur pouvoir, le Conseil Général, qui ne le leur a confié que pour une année, ne les honorera plus de son suf-

h   fra-

frage. En leur donnant cette marque publique de son ressentiment, il fera connoître à leurs successeurs la nécessité indispensable de *rendre bonne & droite justice, de s'acquiter fidélement du devoir de leur office,* & d'exécuter à la lettre les Loix, qui font le fondement & la base de notre liberté.

Je dis d'exécuter les Loix à la lettre, & je le dis à dessein, parce que l'Anonyme me paroît enclin à croire que l'interrogatoire avant l'emprisonnement est une chose qu'il faut laisser à l'arbitre des Juges. *Il est des cas,* dit-il (54), *où il seroit injuste de refuser à un accusé le droit d'être mené à Messieurs les Sindics* (r); *mais cette injustice n'est pas à craindre. Il est des cas où il seroit dangereux de ne pouvoir la refuser.* C'est précisément ce que l'Anonyme auroit dû prouver. Quels sont les cas dont il parle? Auroit-il été dangereux de mener les Sieurs Gau-

---

(r) A quoi serviroit-il de conduire un accusé à Messieurs les Sindics, puisque, comme on l'a vû, dans le sistême de l'Anonyme, ils n'ont pas le droit de le libérer parce que c'est un *pouvoir exorbitant* &c.

SECONDE LETTRE.

Gaudy & Binet, la Demoiselle Gerbel à un de Messieurs les Sindics?

Un Auditeur décidera arbitrairement des cas où il est juste de mener à un de Messieurs les Sindics, & des cas où on peut le refuser sans injustice ? Mais l'arbitraire est un monstre en fait de Justice. Ecoutez, Monsieur, ce que dit là-dessus un des plus illustres Magistrats qu'ait jamais eu le Royaume voisin. (s)

„ Cette espèce d'équité, qui n'est au-
„ tre chose que l'esprit même de la Loi,
„ n'est pas celle dont le Magistrat ambi-
„ tieux se déclare le défenseur : il veut
„ établir sa domination, & c'est pour
„ cela qu'il apelle à son secours cette
„ équité arbitraire dont la commode flé-
„ xibilité reçoit aisément toutes les im-
„ pressions de la Loi du Magistrat. Dan-
„ gereux instrument de la puissance du
„ Juge, hardie à former tous les jours
„ des règles nouvelles, elle se fait, s'il
„ est permis de parler ainsi, une balan-
„ ce particulière, & un poids propre
„ pour chaque cause. Si elle paroit quel-
„ que

(s) Mr. le Chancelier d'Aguesseau.

„ quefois ingénieufe à pénétrer dans
„ l'intention fecrette du Légiflateur,
„ c'eft moins pour la connoître que pour
„ l'éluder ; elle la fonde en ennemi cap-
„ tieux plutôt qu'en Miniftre fidéle, el-
„ le combat la lettre par l'efprit, & l'ef-
„ prit par la lettre ; & au milieu de cet-
„ te contradiction apparente, la vérité
„ échape, la règle difparoit, & le Ma-
„ giftrat demeure le Maître.

Que ces paroles font belles, Monfieur ! Je ne faurois mieux finir qu'en les mettant fous vos yeux.

Je fuis &c.

RÉPONSE

A LA

TROISIEME & partie de la cinquième

LETTRE.

"LE Peuple qui a la Souveraine Puissance, dit Montesquieu, (*) doit faire par lui-même tout ce qu'il peut bien faire; & ce qu'il ne peut pas bien faire, il faut qu'il le fasse par ses Ministres." Dans notre Gouvernement le Peuple ne pouvoit se charger de l'administration ordinaire de la République. C'est pourquoi il a de tout tems nommé, & il nomme constamment ses Ministres, à chacun desquels il assigne la mesure de pouvoir nécessaire pour les fonctions dont il le charge. Tels sont le Lieutenant & les Auditeurs qu'il a créés pour administrer la Justice sommaire &

la

_____
(*) Esprit des Loix, Livre 2. Ch. 2.

la Police (*v*) : Tel eſt le Tréſorier, auquel ſont confiés les deniers publics: Tel le Procureur Général, chargé de veil-

(*v*) Le titre de l'Election du Lieutenant & des Auditeurs porte en termes exprés. *Que nul ne ſoit en l'office qu'il n'ait été confirmé & aprouvé par le Peuple.* Pourquoi donc ces Auditeurs de la création des Conſeils inférieurs, qui paroiſſent de tems en tems? Ne ſiègent-ils pas? ne les met-on pas en l'Office? Qui a élu Mr. Bo et auquel on a impoſé le ſerment en Petit Conſeil le Lundy 18ᵉ. 9bre dernier, & qui a fait les fonctions d'Auditeur pendant 8 jours? Eſt-ce le Peuple ſans la confirmation duquel, *nul*, dit l'Edit, *ne ſoit en l'Office?* Dira-t-on qu'on ne pouvoit laiſſer la place d'un ſixième Auditeur vacante pendant ce court eſpace de tems? Quoi? l'Edit ordonne, qu'en cas de mort du Lieutenant moins de quatre mois avant l'expiration de l'année, on n'en ſubſtitue aucun en ſa place; mais que le premier Auditeur préſide; cet Edit qui ſuppoſe qu'on peut ſe paſſer pendant 119 jours du Chef du Tribunal, de ce principal Magiſtrat; aura entendu qu'entre cinq Auditeurs ou ne pourroit pas pourvoir pour 8 jours aux fonctions d'un abſent? L'Edit eſt abſolument oppoſé à ces ſubrogations, il eſt clair, ſimple, précis. Le Légiſlateur n'a pas voulu nous induire en erreur, il l'entendoit comme nous.

La preuve en eſt dans le Régître de 1569, c'eſt-à dire de l'année qui ſuivit immédiatement la ſanction de l'Edit. Ce Regître nous aprend que cette année là, Ami Varro Auditeur ayant été appellé à l'emploi de Conſeiller, il ne fut remplacé qu'à l'Election ſuivante du Lieutenant, dans laquelle on élut même quatre Auditeurs au lieu de deux qu'il eſt d'uſage d'en élire, ſans doute qu'il y eut une autre Place de vacante depuis celle de Varro. Lorſque le 200 a élu de nos jours Mr. Naville & Mr. Salle, il n'avoit pas plus de droit de faire cette Election qu'en 1569.

TROISIEME LETTRE.

Veiller sur l'obfervation des Loix, pour en pourfuivre les tranfgreffeurs; Tels enfin Meffieurs les Sindics *qui ont la direction & le Gouvernement de l'Etat* (*u*). Mais s'il eft vrai, comme le dit encore Montefquieu (*x*), que „les Miniftres „ du Peuple ne font point à lui s'il ne les „ nomme", il eft inconteftable que le Peuple de Genève ne doit reconnoître pour fes Miniftres que ces Magiftrats auxquels feuls il a confié la puiffance exécutrice. Or Meffieurs les Sindics étant les feuls qui foyent revétus de l'autorité néceffaire pour ordonner l'exécution des fentences criminelles, font auffi les feuls qui puiffent monter fur le Tribunal pour les prononcer.

Ils font pour cet effet revétus des bâtons Sindicaux; & le Peuple ne les leur confie qu'en leur impofant le Serment remarquable, & particulier à ces premiers Magiftrats, *de maintenir & défendre de tout leur pouvoir la Liberté, & les Edits*,

---

(*u*) Edit de 1707.
(*x*) Efprit des Loix, L. 2. Ch. 2.

d'exercer bonne & droite Justice, rendant à chacun ce qui lui appartient, soutenant les bons & punissant les mauvais, sans haine ni faveur. Mais ils ne sont cependant pas les seuls Juges. L'Edit leur a adjoint le Conseil des 25. pour juger conjointement avec eux. *Que les Sindics & Conseil*, dit-il (y), *soyent Juges comme d'ancienneté de toutes causes criminelles.*

L'Anonyme est d'accord avec nous dans la thèse générale, mais il soutient qu'il est des cas où il est possible que des Conseillers seuls soient Juges. Ces cas sont ceux dans lesquels les quatre Sindics étant recusés en vertu de l'Edit de 1713, il n'en reste aucun pour présider au Tribunal. Alors, dans le sistême de l'Anonyme, le Tribunal sera présidé par le premier des Membres du Conseil des 25. ou du 200, qui, en suivant l'ordre du rôle des Conseils, se trouvera non récusable. Ce Tribunal ainsi présidé jugera avec la même autorité que pourroient le faire les Sindics & Conseil; & lorsqu'il sera question de prononcer le juge-

(y) Edit Politique. Titre des Matières criminelles.

gement au Criminel ; que pour cet effet le Tribunal fera dreffé devant l'Hôtel-de-Ville, & que le Peuple fera convoqué pour entendre lire le Sommaire du Procès & la Sentence ; il arrivera de deux chofes l'une ; ou Meffieurs les Sindics monteront fur le Tribunal pour prononcer la fentence & en ordonner l'exécution ; ou elle fera prononcée par celui qui aura préfidé au Tribunal qui a formé le jugement. Les partifans de la thèfe que nous avons à combattre dans cette lettre, font pour la plûpart dans l'idée que la Sentence doit toujours être prononcée par Mrs. les Sindics. Mais fi vous daignez jetter les yeux fur la formule des Sentences criminelles, vous trouverez qu'elle fuffit pour détruire l'une & l'autre de ces idées.

Le Secrétaire d'Etat, après la lecture du Sommaire du Procès, s'exprime en ces termes ; *Pour ces caufes mes dits très honorés Seigneurs, Siégeans fur le Tribunal de leurs Prédeceffeurs, fuivant nos anciennes coutumes, ayant Dieu & fes Saintes Ecritures devant les yeux, & après*

avoir

avoir invoqué *son Saint nom pour rendre un Jugement droit, en disant, au Nom du Père, du Fils & du Saint Esprit. Amen* (z). *Ils ont par leur Sentence définitive, qu'ils donnent ici par écrit, condamné le dit* &c. Si ces paroles doivent se prendre à la lettre ; (& quelcun pourroit-il s'imaginer que dans une circonstance si grave, dans ce moment solemnel, on se servît de termes contraires à la vérité, ou énigmatiques ?) Si, dis-je, ces paroles expriment la vérité, j'y vois bien clairement 1°. Que ceux qui prononcent, siégent *sur le Tribunal de leurs Prédécesseurs, suivant nos anciennes coutumes*. Or qui siégeoit anciennement sur le Tribunal pour prononcer des Sentences criminelles, sinon les Sindics & les Sindics seuls, comme on l'a prouvé dans les Représentations (&)? Les Rois seuls siégent sur le Trône de leurs Ancêtres ; Les Sindics seuls sur le Tribunal de leurs Prédecesseurs. J'y vois 2°. que ceux qui

pro-

―――――――――――――――――

(z) Les saintes Ecritures sont en effet présentées alors à Mrs. les Sindics.

(&) Page 62.

prononcent la Sentence prennent la Très-Sainte Trinité à témoin *de rendre un jugement droit*. Mais des Sindics qui n'auront eu aucune part au jugement, peuvent-ils prêter ce Serment redoutable ?

Il résultera encore du sistême de l'Anonyme, que, pour l'ordinaire, les criminels étrangers, ou ceux de la Ville d'une condition obscure, ou peu aparentés, jouïront du bénéfice de la Loi, qui mettant, pour ainsi dire, toute sa confiance dans le serment qu'elle impose aux Sindics, & dans le compte qu'ils doivent rendre au Peuple, les appelle à être les premiers & les Principaux Juges, leur commet le soin de présider aux Tribunaux, de veiller à l'observation des loix établies en faveur des prévenus, & de diriger toutes les procédures. Ces loix si sages, établies autant & plus en faveur des Citoyens, que pour la sureté des étrangers; cette loi dictée par la liberté, qui veut que le Citoyen soit jugé par le Citoyen qu'il a lui-même établi pour Juge : cette Loi qui en chargeant les Sindics de la présidence des Tribunaux, a dit: *que nul ne soit reçu qu'il n'ait été approuvé du peuple.* (a) Toutes ces loix salutaires seront muettes lorsqu'il s'agira de faire le procès des Citoyens qui auront le malheur, peut être aussi le bonheur, d'être parents des quatre Sindics, ou de les recuser pour quelque autre cause. Ces Citoyens subiront les interrogatoires d'un Corps tout composé de Membres qu'ils sont censés ne point connoître, & dont aucun n'aura peut-être jamais ressenti les moindres effets de la confiance du Peuple. Ils ne verront jamais les Sindics, ces Pères de la Patrie, chargés particuliérement du soin de défendre leurs droits, prérogatives, & libertés; ou s'ils les voyent, ce ne sera que pour leur entendre prononcer un arrêt de condamnation. Le Tribunal qui décidera presque souverainement s'ils sont coupables où innocens, sera présidé par le premier que le hazard du rôle présentera; capable ou incapable, peu importe. Ce sistême n'est-il pas contraire à notre Constitu-

(*a*) Election des Sindics.

titution ? Ces Tribunaux méritent-ils la confiance du Peuple, seul Souverain de l'Etat ? N'est-il pas à craindre que des Juges, qui n'ont aucun compte à rendre, ne se livre à un excès de rigueur ; ou que donnant dans l'écart opposé, ils ne se laissent subjuguer par le crédit de Citoyens riches, puissans & accrédités ? En un mot ce sistême ne blesse-t-il pas la Majesté du Peuple ? Cependant, s'il faut en croire l'Anonyme il résulte de la combinaison de nos loix. C'est ce qu'il faut discuter avec lui.

Et d'abord je remarque que celle que j'ai citée & qui nomme les Sindics & Conseil pour Juges des causes criminelles, les appelle à être Juges de TOUTES les causes criminelles ; ce qui n'admet, selon moi, aucune exception ; & je me confirme dans cette idée en consultant le titre des causes de récusations dans l'Edit politique où l'on trouve ? *Pour quelles causes se devront retirer.* Et qui ? *les Conseillers.* 1°. *En matières Civiles.* 2°. *En matières Criminelles.*

Voilà

Voilà l'Edit ou la Loi fondamentale sur les récusations. Les Conseillers seuls devoient être recusés originairement. Genève, Ville Impériale, se gouvernoit par les loix Romaines: Elle considéroit les Sindics comme des personnes privilégiées, au dessus de toute exception; ainsi que Rome ses Consuls. Tel Brutus fut appellé à juger ses propres enfans. Les Sindics étoient si peu sujets à la récusation, qu'ils devoient anciennement & encore dans le commencement du 16ᵉ. siècle, assister tous quatre aux jugements des criminels. Comment l'auroient-ils pû si la récusation avoit eu lieu à leur égard? Tant de motifs, & en particulier le serment solemnel des Sindics, doivent les porter à juger *sans haine ni faveur*, que la loi ne crut pas devoir les recuser, & d'autant moins qu'ils ne sont jamais seuls Juges.

Ce sont les *Sindics & Conseil* que la loi nomme pour Juges de toutes les Causes criminelles; non le Conseil sans les Sindics. Cette dénomination, les *Sindics & Conseil*, dit l'Anonyme (55), ne
signi-

signifie que le *Petit Conseil*. Cela est vrai parce que les Sindics étant les Chefs du Conseil, on ne peut pas plus concevoir un Conseil sans Sindic qu'un corps humain sans tête. Cependant s'il s'agit des loix & de leur exécution; alors les termes doivent valoir tout ce qu'ils peuvent valoir, & il ne faut jamais supposer qu'il y ait un mot de trop. Lorsque la loi dit *que les Sindics & Conseil soyent Juges*, elle les nomme distinctement, elle adjoint aux Sindics, le Conseil, mais ne les identifie pas; & je ne vois qu'une seule expression dont le Législateur auroit pû se servir, qui me persuadât le contraire; c'est s'il avoit expressément statué *que les Sindics & Conseil, & à défaut des Sindics, les Conseillers seuls, soyent Juges.*

Enfin les Sindics & Conseil doivent être Juges *comme d'ancienneté*. Je vous renvoye là-dessus aux Représentations. pag. 61. & 183.

Voilà pour les termes. Leurs expressions favorisent le sistême des Citoyens & Bourgeois. Aussi l'Anonyme n'insiste-t-il t-il pas longtems sur la Lettre ; il passe aux conséquences de ce sistême, & il s'efforce de les représenter comme étant des plus absurdes.

„ *Le Gouvernement*, dit-il (56), *n'est pas réduit à l'inaction par l'absence momentanée de ses Chefs: ce seroit une singulière Constitution, que celle où il faudroit remonter sans cesse le Gouvernement, dès que celui ou ceux qui y président ne pourroient pas assister à ses opérations. Dans une épidémie où les 4 Sindics seroient incommodés, n'y auroit-il plus de Gouvernement, ou faudroit-il élire d'autres Sindics ?* "

Je réponds sans détour que je crois le Petit-Conseil réduit à l'inaction, quand ses Chefs sont absens. C'est des Sindics que tous les Conseils tirent leur autorité, & sans eux ils ne font rien. Je le prouve.

1°. Il y en a quatre ; afin que le premier Sindic *étant malade ou absent, le second & ainsi conséquemment les autres fassent l'office d'icelui* (*b*). Loi d'au-

---

(*b*) Voyez l'Office des 3. autres Sindics.

TROISIEME LETTRE.

d'autant plus remarquable qu'avant l'Edit de 1543, le Conseil ne pouvoit pas s'assembler sous la Présidence d'un seul Sindic, comme on le lit dans le Régître du 2 Décembre 1505. C'est sans doute pour tirer le Conseil de ces inactions momentanées, que l'Edit régla l'ordre de la Présidence, de manière qu'un Sindic seul pût donner l'activité nécessaire pour les délibérations. A cet effet la Loi assigne la Présidence au premier, & les substitue les uns aux autres en cas d'absence. Mais elle s'arrête au quatrième; ne lui substitue personne; & à parler rigoureusement, personne ne peut prendre la place de Président sans se rendre coupable du crime de Lèze Majesté (c). Personne

---

(c) Témoin l'affaire de Mr. l'Auditeur Sarasin en 1667. Voyez les Représentations page 237. Quelques personnes, sentant la force de l'argument tiré de l'axiome du Petit-Conseil de ce tems-là à l'occasion de Mr. Sarasin, *sans Sindic point de Conseil*, ont pris le parti de nier la sentence de mort que le Conseil avoit rendue contre lui. Si l'on persiste dans la négative, nous avons cinq rélations différentes à mettre sous la presse qui prouveront la vérité du fait, & qui, sortant de la plume de Conseillers du 25 & du 200 c'est-à-dire des deux partis opposés, ne peuvent pas être taxées de faux sur un fait dont elles conviennent également.

n'a le droit d'outrepaſſer la volonté du Souverain ; & s'il eſt des cas où il ſoit poſſible qu'il manque un Préſident, c'eſt à ce Souverain ſeul qu'il apartient d'y pourvoir.

Je le prouve 2°, par l'hiſtoire de l'établiſſement du Conſeil des Vingt-cinq (d). „ Les Conſeillers d'Etat avant 1530. „ n'étoient que des perſonnes dévouées à „ Meſſieurs les Sindics que les créoient; „ & les aſſembloient quand ils le ju„ goient à propos. Le Conſeil General „ les tira de cette dépendance en Fé„ vrier 1530. lorſqu'il arrêta que le 200 „ éliroit le Conſeil ordinaire. " Ils furent tirés alors de la dépendance où ils étoient ; mais remarquez-le bien, Monſieur, ils ne reçurent aucune autorité, aucune puiſſance quelconque. C'eſt ce qui eſt démontré par l'Edit : Lors qu'il ſtatue ſur l'office des Chefs de l'Etat, il parle *de l'office, charge &* PUISSANCE *des Sindics*; & lorſqu'il ſtatue ſur *l'Office, charge devoir & ordre du Conſeil*, il

ſemble

―――――――――

(d) Mémoire de Mr. de Chapeaurouge Conſeiller d'Etat en 1716.

semble n'avoir presque d'autre but que de marquer l'obéiſſance que les Conſeillers doivent aux Sindics. Jettez avec moi les yeux, ſur ce titre. Le détail dans lequel nous entrerons prouvera que nous ne craignons pas d'aprofondir la matière, & que ſous quelque point de vue que notre ſiſtême ſoit enviſagé, il eſt d'accord avec le Légiſlateur. Le premier paragraphe de ce titre règle quand le *Conſeil* devra s'aſſembler. Le ſecond ordonne qu'il commence & finiſſe par la prière, & dès le 3e. il n'eſt plus parlé du Conſeil; mais ſeulement des *Conſeillers. Quand il ſurviendra matières extraordinaires*, eſt-il dit, *que les Conſeillers y comparoiſſent*, non de leur gré, mais quand *il leur ſera ſignifié par les Sindics, ſoit de nuit ſoit de jour.*

En matière importante les Sindics leur manderont ſur leur Serment de ſe rendre tous en Conſeil.

Les Conſeillers ne peuvent ſortir du Conſeil, quand même ils ſeroient appellés par le Sautier, qu'avec permiſſion du premier Sindic. Le premier Sindic peut leur impoſer ſilence, s'il parlent hors de leur ordre.

Les Conseillers ne peuvent rien proposer qu'ils n'en avertissent le premier Sindic; & s'ils ont quelque chose à dire *dans leur cas propre*, il faut qu'ils se fassent inscrire *comme les autres* &c. &c. (*e*). Voilà, Monsieur, ce que sont les Conseillers du Petit Conseil; Voilà les personnes qu'on veut qui représentent les Chefs du Gouvernement.

Je prouve en 3ᵉ. lieu que les Conseils sans

(*e*) Par la constitution fondamentale, les Conseillers sont tellement subordonnés à Messieurs les Sindics, que ceux-ci prétoient serment *de faire observer ce qui est contenu en l'Office des Conseillers*. On lit aujourd'hui cet article du serment dans l'imprimé, avec l'addition de la particule *&*: *vous promettez de faire & observer* &c Je ne doute pas qu'elle n'ait été glissée par erreur, c'est sur quoi nous espérons que l'Edit original de 1568 nous édifiera pleinement tôt ou tard. Ce qui me porte à croire que cette particule est une addition postérieure à l'Edit, c'est qu'elle ne se trouve point dans d'anciens Manuscrits, d'ailleurs très recommandables: C'est qu'elle donne à cette partie du serment un sens vain & inutile, car Messieurs les Sindics étant toujours pris dans le Petit-Conseil, ne sont-ils pas déja sous le serment de Conseillers, bien moins important, que celui qu'ils viennent de prêter comme Sindics? autant vaudroit leur faire jurer ce qui est contenu au serment des Bourgeois. Au lieu que leur imposer la charge *de faire observer* le devoir des Conseillers, c'étoit leur donner une inspection directe sur tous les membres du Conseil, laquelle est bien analogue à la dépendance des Conseillers indiquée dans l'article de *l'ordre des Conseils*.

sans Sindic ne font rien, parce que le même ordre qui est prescrit au Conseil Etroit & que je viens de vous détailler, est imposé *aussi bien au Conseil des 60, qu'au 200 & au Général. Et,* dit la loi, *afin qu'il s'observe mieux, qu'on lise ce qui en est dit chacun an, tant au Conseil étroit, qu'au 200, & lors que chacun jure de le tenir.* La subordination ordonnée au simple Citoyen en Conseil General, est prescrite à un Conseiller dans le Petit Conseil, & le simple Citoyen auroit le même droit de vouloir présider en Conseil General qu'un Conseiller dans celui des 25, ou dans celui des 200, car ils ne seront l'un l'autre que de simples Conseillers dans ces Conseils.

Ce n'est pas nous, Monsieur, qui avons inventé ce sistême de la puissance attachée à la dignité des Sindics, & de son inaliénabilité. Il découle de nos Loix, & le Magnifique Conseil l'a reconnu en terme bien forts & bien expressifs dans le Mémoire qu'il fit remettre en 9bre. 1737. aux Seigneurs Médiateurs. *Les Sindics,* est-il dit dans la seconde partie de ce Mémoire, *sont proprement les hommes du Peuple, les quatre Procureurs Generaux dont il s'est reservé le choix pour en faire les dépositaires de son autorité. Ils la portent par-tout avec eux, & par-tout ils en ont la dignité* : *Aussi peuvent-ils toûjours, dans les cas provisionnels, exercer cette autorité par eux-mêmes ; mais dans tous les cas qui ne sont pas provisionnels, la Loi a mis les Sindics dans une obligation indispensable de n'exercer cette autorité que par l'avis de* LEUR CONSEIL ORDINAIRE, *& même selon la nature des cas, par l'avis des Conseils Supérieurs* : *C'est pourquoi la plûpart des affaires, & en particulier tous les Actes publics se font au nom des Sindics & de leur Conseil. Les Sindics sont les seuls Magistrats qui, le jour de leur élection, prêtent Serment au Conseil General entre les mains du Peuple, Tous les autres Magistrats & en general tous les Officiers de la République. prêtent serment dans les Petit & Grand Conseil entre les mains des Sindics. Ce Petit Conseil est leur Conseil, ils sont les dépositaires de l'autorité du Souverain, ils la portent partout avec eux* :

Donc

Donc lorfqu'il fortent ils l'emportent, elle les fuit; & l'Anonyme vient nous dire *qu'elle fe perd* tellement *dans le Tribunal*, (82) qu'elle y exifte en leur abfence! Le Petit Confeil n'eft que *leur Confeil*, & il agira fans eux, indépendamment d'eux !

Que l'Anonyme appelle tant qu'il voudra (56) notre conftitution, *une Conftitution fingulière* ; parce qu'il fuppofe qu'il faudroit *fans ceffe remonter le Gouvernement*. Elle n'eft point fujette à cet inconvénient. Ce n'eft ni à Berne ni à Zurich que nous devons aller chercher notre Conftitution. Il n'y a qu'un Bourguemaiftre à Zurich, & qu'un Advoyer à Berne : Et nous avons quatre Chefs au lieu d'un feul ; *Le premier Sindic abfent ou malade, le fecond & conféquemment les autres* doivent faire l'office de Préfident.

Dans le cas d'une épidémie ; ou les quatre Sindics feroient malades, ou dans une difcuffion qui, intéreffant un grand nombre de créanciers, pourroit exclure les quatre Sindics, on feroit embarraffé : Eh ! le Légiflateur eft-il fi loin qu'on ne puiffe le confulter. Prenez même les devans,

vans, & n'attendez ni l'épidémie ni la discussion pour le faire prononcer.

La seconde objection de l'Anonyme ne nous arrêtera pas longtems elle est indigne d'un homme qui a autant d'esprit que lui. *Les Sindics*, dit-il (57), *cela veut dire assurément les quatre Sindics. Il faudroit donc dans le sistême des Représentations substituer en Conseil Général un Sindic à chaque Sindic recusable. Car à prendre l'Edit à la lettre, il seroit ridicule de substituer un seul Sindic aux quatre Sindics.* L'Ordonnance Ecclésiastique dit *que les Anciens s'assemblent le Jeudi avec les Ministres.* Est-ce à dire qu'il faut que tous les Anciens, tous les Ministres, se trouvent à l'Assemblée pour la rendre légale ? Ne pourront-ils agir en l'absence de quelques-uns des Anciens ou Ministres, sans s'écarter de la lettre de l'Edit ?

L'Anonyme semble nous accorder que notre sistême peut se soutenir *à prendre l'Edit à la lettre*. Cette lettre indique 1°. Que les Sindics soient Juges ; Cela est certain, mais il n'est pas moins certain que la lettre indique aussi que le

pre-

premier d'entr'eux *étant malade ou absent, le second & conséquemment les autres faſſent l'Office d'icelui.*

Mais comment fera-t-on dans les Chambres ? demande l'Anonyme : On y pourvoira en ſuivant le même Edit qui ſubſtitue les Sindics les uns aux autres. Si celui qui préſide ſe trouve recuſable, il ſera remplacé par l'un de ſes Collègues. Où eſt la difficulté ? D'ailleurs la récuſation dans les Chambres ne va qu'aux Germains, tandis qu'en Conſeil on la porte juſques aux iſſus de Germains en matières civiles, & les Chambres n'en peuvent pas traiter d'autres. Pourquoi cette reſtriction dans les récuſations des Chambres, ſinon pour éviter la fréquence des ſubſtitutions ?

Il pourroit arriver, dit l'Anonyme, (59), *qu'un Sindic ſeroit recuſé par le Petit Conſeil, & que rappellé par le Deux-Cent en cas de recours, il renvoyeroit à ſon tour le Sindic ſubſtitué.*

C'eſt un inconvénient, mais rien de plus. Si ce cas arrive ce ſera la faute du Petit Conſeil, & non pas celle de

la

la Loi. Un prévenu recuse un Sindic dans ce dernier Tribunal, & il y est jugé recusable. Le Deux-cent l'admet ensuite. Eh! pourquoi le Petit Conseil jugeoit-il si mal? Mais après tout, s'il ne s'agit que de faire des suppositions; je suppose que les quatre Sindics soyent jugés recusables dans le Conseil des Vingt-Cinq; un Conseiller y sera donc Président; le Deux-Cent ensuite rejettera la récusation d'un ou de plusieurs des Sindics; ceux-ci ne renvoyeront-ils pas le Conseiller Président? Qu'un Sindic renvoye un Président *ad interim* ou qu'il renvoye un Sindic *ad actum*; l'un n'est pas plus absurde que l'autre. Il est vrai que l'un de ces Sindics substitués seroit créé, en Conseil Général & que l'autre l'est en Petit Conseil; mais l'inconvénient ne seroit-il pas toujours le même?

Que dis-je? l'un seroit créé en Conseil Général! Cela ne se peut point, dit l'Anonyme (59. Car si les quatre Sindics sont recusables, ils *ne pourroient pas présider au Conseil qui convoqueroit*
le

TROISIEME LETTRE.

le Conseil Général. Quel raisonnement ? Quoi ? l'Anonyme porte la Loi des récusations si loin ! Qu'il me dise donc, s'il se présentoit un cas où tout le Conseil fût recusable, qui seront les Juges ? *La Loi dit qu'il faudra prendre des Conseillers du Deux-Cent selon l'ordre du rôle* (60). Mais qui formera ce Tribunal ? sera-ce le Conseil ? Non assurément ; car qui dans le Conseil tout récusable, présideroit au Conseil qui éliroit ce Tribunal ? qui même le notifieroit au premier du rôle ? Quel Sindic recusé oseroit donner un ordre à cet égard ? Voilà, Monsieur, comment à force de vouloir trouver des difficultés où il n'y en a point, on s'expose à avancer des absurdités.

Il n'y en a point dans le sistême des Citoyens & Bourgeois, Il laisse l'autorité à ceux à qui le Peuple la confiée, & ne la transmet pas à un Conseiller que ce Peuple ne peut reconnoître. Si quelqu'un des Tribunaux se trouvant sans Sindic, on y pourvoiroit par une Election du Peuple, les Conseillers resteroient

roient dans le but de leur création; ils font le Conseil des Sindics.

Ainsi les Présidens ne seroient pas pris dans l'ordre du Tableau (60). Eh! pourquoi le seroient-ils? Nulle part la Loi ne l'ordonne. S'il y a quelque brigue, quelque crédit à craindre, c'est bien plutôt dans le cas ou il y aura un Conseiller pour Président. L'Anonyme nous représente (60) *une famille nombreuse & accréditée, mettant alors tout en œuvre pour faire élire un Président qui lui soit favorable.* S'il est permis d'admettre des suppositions aussi odieuses, je dirai, moi, une famille nombreuse & accréditée fera tout ce qu'elle pourra pour gagner le Conseiller Président, & pour se le rendre favorable. Comme ce Conseiller désirera de parvenir au Sindicat, il fera aussi tout ce qu'il pourra pour être favorable au criminel, afin de gagner les suffrages de cette famille nombreuse & accréditée en Conseil General. Ne trouvez-vous pas Monsieur, la corruption bien plus facile dans le cas que je propose que dans l'autre? Mais ne pensez-vous pas auſſi qu'il eſt bien indécent, de ſuppoſer à la généralité de ſes Concitoyens & au Conſeil des 200 en particulier, qui feroit la nomination des ſujets à préſenter au Peuple, des ſentimens ſi oppoſés au ferment qu'ils prêtent, & qu'ils renouvellent tant de fois?

Les Grabeaux, continue notre Auteur, (60) *ſont de vrais Jugemens*, car on peut y *ôter à quelcun pour toujours ſon état.* Il faut donc examiner avant le Grabeau ſi perſonne ne recuſe les Sindics, & ſi quelcun les recuſe, en élire *d'autres pour préſider au Grabeau. Il pourra donc & il devra arriver que dès le lendemain de l'élection des Syndics, on ſoit obligé d'en élire un ou deux pour un quart d'heure.* Il n'y a point de Loi ſur les récuſations pour les Grabeaux dont parle l'Anonyme : Qu'il attende donc d'élever cette difficulté, juſques à ce que l'Edit ait ſtatué qu'on pourra recuſer les Sindics dans ce cas là. Juſques à préſent la Loi a donné un ſi grand privilège à cet égard aux quatre Sindics, qu'ils ne peuvent pas être grabelés : Preuve bien forte de leur

pré-

prééminence sur les Conseillers. Et quand aux Grabeaux qui se font pour les Elections ; parce qu'ils sont plus importants ; parce qu'ils décident du sort des grabelés ; ils se font à la balotte Messieurs les quatre Sindics & les deux Secrétaires d'Etat sont les seuls appellés à en faire le déchiffrement (*f*), & la récusation ne va pour eux que jusques aux Beaux-frères, tandis que pour les autres elles s'étend aux remués de Germains inclusivement, & à tous ceux de même nom & famille. Et si cependant il s'en trouve quelcun de recusé la Loi lui subroge Mr. le Lieutenant, soit le premier des Anciens Sindics non recusable. Disposition d'autant plus digne de remarque, qu'en appellant les quatre Sindics à faire le déchiffrement, l'Edit suppose tout au plus la possibilité de la récusation pour deux d'entr'eux ou des Secrétaires d'Etat, puisqu'elle ne subroge que *Mr. le Lieutenant, soit le premier des Anciens Sindics non-recusable*, & qu'elle répète cette disposition dans l'article 13. *En place des recusés Monsieur le Lieu-*

_____

(*f*) Edit de 1707. Art. 9.

Lieutenant soit quelcun des Anciens Sindics non-récusable sera subrogé comme a été dit ci-dessus. Et qu'on ne s'imagine pas qu'il fut possible que les 4 Sindics & le Lieutenant étant recusés le déchiffrement se fit par les 4 Anciens Sindics & les deux Secrétaire ; car il est certain que cette récusation des quatre Sindics est moralement improbable, & que la loi l'a envisagée de même. En disant *le premier des Anciens Sindics ; Quelcun des Anciens Sindics non-recusable,* elle n'en admet qu'un seul, & pour ne laisser aucun doute sur la nécessité de la Présidence des Sindics, elle ordonne par l'article 14 que *le déchiffrement étant fait Mrs. les Sindics déclareront à haute voix les noms des deux qui auront eu le plus de suffrages, &* par l'article 10 que *les noms de ceux qui auront été retenus aux grabeaux faits en* 200 *seront écrits sur des quartiers de papier, signés par un des Sindics &c.* La Présidence de Mrs. les Sindics est estimée si nécessaire dans tous les cas, que même dans celui-ci où il ne s'agit que de simples déchiffremens, la loi en recuse tout au plus

deux

deux, & leur subroge dabord Mr. le Lieutenant, élu par le Peuple de même que les Sindics, & tenant rang immédiatement après eux ; & ensuite l'un des Anciens Sindics comme ayant été honoré de la confiance du Souverain l'année précédente.

Ainsi la Loi place tellement toute sa confiance en Mrs. les Sindics que dans une opération où, du premier coup d'œil, il paroit très indifférent qu'ils assistent ou n'assistent pas, elle prend soin de resserrer considérablement les récusations afin qu'ils ne puissent pas se trouver tous recusables, & qu'il y en ait au moins deux qui président à un acte bien minime en comparaison du Jugement d'un procès criminel ; & l'on veut que cette même Loi ait permis qu'un Tribunal qui n'a qu'un simple Conseiller, ou qu'un simple Membre du 200 à sa tête, pût envoyer un Citoyen à la mort ! Y a-t-il de la vraisemblance dans un pareil sistéme ? Cependant l'Anonyme le croit si sage, qu'il appelle celui des Citoyens & Bourgeois *bizarre*, rempli d'*embarras* & d'in-

d'inconvéniens, en un mot *un siftéme de fantaifie*.

C'eft un fiftéme de fantaifie! Eh! Comment, Monfieur? feroit-ce parce qu'il eft fondé, ainfi que l'Anonyme paroît en convenir, fur la lettre de la Loi, *Que les Sindics & Confeil foyent Juges*? Eft-ce parce qu'il eft puifé dans *des titres des 14 & 15ᵉ fiècles, fur les franchifes d'Ademarus Fabri, fur un Acte de 1420*? (61) *S'il faut rejetter les anciens titres*, difoit affez plaifamment quelcun à la lecture de ce paragraphe de l'Anonyme, *je rejetterai la Bible, car elle eft bien antique*. La matière eft trop grave pour l'égayer; mais on ne peut qu'être faifi d'étonnement de voir nôtre Auteur s'enfoncer dans les antiquités Grecques & Romaines, pour nous prouver fon fiftême de politique fur notre Gouvernement, tandis qu'il méprife les titres mêmes qui le conftituent fous prétexte qu'il faut remonter aux 14 & 15ᵉ. fiècles.

Ecoutez, Monfieur, ce que le *Citadin* (g) difoit de cet acte de 1420 que l'Ano-

___
(g) Page 240. C'eft un ouvrage de l'an 1606 très efti-

nyme rejette avec tant de dédain. Cet *acte est des plus notables, digne de la confiance, & fermeté des anciens Citadins de Genève; il doit servir de patron, & d'exemple aux ames généreuses des Citadins modernes, & de règle à tous ceux qui viendront après nous.* Je ne répéterai pas ce que j'ai déja remarqué dans ma précédente lettre, sur l'importance du serment par lequel les Citoyens & Bourgeois sont obligés de *maintenir & garder* ces Libertés & Franchises de 1387; L'argument qui en résulte est sans replique; & si depuis nos Edits nous remontons jusques à la date de ces Franchises, nous trouverons une chaine d'Actes qui les confirment, & qui prouvent d'une manière incontestable que nos Pères les respectoient autant que l'Anonyme affecte de les ridiculiser. Le Conseil Général statua le 27°. Fevrier 1518, *Qu'à l'avenir on ne résolve ni détermine rien sur les choses comprises dans les Franchises,*
dans

---

estimé dans Genève, fait par ordre du M. C. qui en fut si satisfait qu'il fit présent de cent ducatons à Mr. Sarasin qui en étoit l'Auteur.

dans le Conseil ordinaire ou des 50, sans l'approbation du Conseil Général, & avant qu'il en aît été connu par le dit Conseil, autrement que tout soit nul.

Aussi lorsqu'il fut question d'établir le Tribunal du Lieutenant à la place du Vidomne, & qu'on en porta la proposition en 200 le 7 9bre 1529, il fut dit que ce seroit pour exercer la Justice conformément aux Franchises *summariè & de plano ad instar Franchesiarum*; & le Conseil Général ayant aprouvé le 26e du même Mois les articles qui lui furent presentés pour l'administration de la Justice, ce fut sous la condition *d'ajouter ou corriger, & citrà derogationem Libertatum & Franchesiarum*, avec protestation que rien ne puisse déroger aux dites *Libertés & Franchises*. Qu'on nous montre un seul endroit de ces Franchises qui permette les emprisonnemens *sans aucune adstriction ni condition*. Qu'on nous produise un seul Edit qui ait expressément dérogé à ces *Libertés & Franchises*. Et si les Libertés & Franchises sont expresses sur la défense d'emprisonner celui qui peut donner caution si ce n'est *pour crime notoire & public*: Si le Tribunal de Mr. le Lieutenant a été établi pour exercer la Justice conformément aux libertés & franchises: Si le Conseil Général a déclaré ne vouloir point y déroger: Si depuis lors il n'y a eu aucune loi de dérogation; quel est l'Edit qui confére à Mr. le Lieutenant & aux Auditeurs ce pouvoir inouï, ce pouvoir *dont le nom est* véritablement *aussi nouveau que la pensée* (27) *d'emprisonner sans aucune adstriction ni condition* ?

Ces *chartres rongées*, ces *titres surannés* étoient si sacrés qu'ils marchoient pour ainsi dire de pair avec les Saints Evangiles: On juroit sur les *Saints Evangiles & sur les Franchises*, encore treize ans avant l'Edit de 1 5 4 3. En 1 5 3 0 on imposa à tous les Membres du Conseil des Deux-Cent ce Serment: *Nous jurons sur les Saints Evangiles & sur nos Franchises, prenans Dieu à témoin d'être bons & fidèles à la Cité de Genève; de maintenir, observer & garder*

SECONDE LETTRE. 149
der les Libertés & Franchises d'icelle, &c. Le 27ᵉ Janvier 1534 Claude Salomon fit plainte en Deux-Cent contre Nicolin Ducreſt Sindic de ce que, *contre les Franchises*, il avoit permis que le Fiſc l'eût détenu 12 jours, ſans partie inſtante, ſans s'enquérir de la cauſe de ſa détention, le Fiſc étant obligé de le libérer dans 24 heures. Le 10ᵉ. Mars 1538 diverſes plaintes furent portées en Conſeil Général contre les Sindics précédens, qui avoient empriſonné & donné la corde à des Citoyens *contre les Libertés & Franchises, lesquelles ils avoient rompues*. Le 2ᵉ 8bre. ſuivant le Petit Conſeil porta en 200 le Procès criminel contre Claude Souëx, *& il fut réſolu*, dit le Régître, *qu'il répondroit par devant les quatre Sindics & les Aſſiſtans ſuivant le texte de la Franchise, & que l'on ſuive ſon procès.* Le 6ᵉ. Juillet 1540 le Conſeil Général donna plein pouvoir aux Députés qui étoient à Lauſanne de *contracter, pourvû que ce ne fut contre les Libertés & Franchiſes*, &c. Enfin ces libertés & Franchiſes étoient ſi prétieuſes

qu'on

qu'on en inféra la garantie dans les traités de 1558 avec le Louable Canton de Berne, & de 1584 avec le même Canton & celui de Zurich. Et on ose nous dire qu'en 1543 en 1568, on ne reconnoissoit plus ces Franchises ou qu'on dédaignoit de les connoître!

L'Anonyme croiroit-il nous faire abandonner ces titres Sacrés en nous disant (64 & 133.) *qu'il n'y a pas de la prudence à citer des Actes où les Citoyens & Bourgeois sont confondus avec les Natifs & habitans?* Le pouvoir arbitraire seul peut craindre la lumière que nous fournissent ces *tems* & ces Actes que l'Auteur appelle *ténébreux*. En remontant à ces Actes, nous trouvons que sous la domination d'un Prince Evêque, les Natifs & habitans ne pouvoient être emprisonnés d'office, que pour crimes publics & bien notoires; & aujourd'hui on prétend pouvoir emprisonner les Citoyens même *sans aucune adstriction ni condition*. D'ailleurs si vous lisez les Franchises, vous y remarquerez dix articles qui indiquent des différences bien notables, entre les Bourgeois & les simples ha-

habitans; & s'il est arrivé à ceux-ci de marcher souvent *collatéralement* avec les Bourgeois, c'est parce que notre Ville étoit presque continuellement exposée aux périls de la guerre. Il falloit des Soldats pour défendre la Patrie, & elle offroit à ceux qui vouloient bien venir l'habiter, tous les avantages qui dépendoient d'elle, en compensation des périls auxquels ils s'exposoient pour sa défense. Dans ces tems de malheurs la nécessité faisoit taire les Franchises à leur égard; mais dès que, par ses Alliances avec Fribourg & avec Berne, la Ville eût acquis une certaine considération, ou pensa à remettre les Franchises en vigueur : Le 14e. 9bre. 1533 le 200 arrêta, *Que ceux qui n'étoient pas Bourgeois, jouïssant des usages, avant que d'être admis à cette jouïssance, devoient se faire recevoir Bourgeois, & à ces fins qu'on les appelle, & qu'on leur lise les Franchises.* Le 18e. du même Mois on en fit le dénombrement; & si depuis lors divers Edits n'avoient pas fixé le sort des Natifs & habitans, tel qu'il est aujourd'hui d'hui, ce feroit avec plaifir que nous reclamerions l'exécution des anciennes loix en leur faveur.

Les loix fur lefquelles les Citoyens & Bourgeois s'appuyent, font donc des loix réelles & qui exiftent, tandis que celles que l'Anonyme allègue ne confiftent que dans les chimères de l'interprétation. Il affecte néanmoins de dire que ce qu'il enfeigne eft fondé fur les *Edits les plus formels* (62), & que *les Principes des Citoyens & Bourgeois font tous avancés fans preuve, ou détruits par les Loix les plus precifes* (63). Vous avez déja pu juger, Monfieur, fi nos principes ont été avancés fans preuves. L'Edit Politique fur les matières criminelles : l'Edit Civil art. 10. T. 12 : l'art. 29 du réglement de l'Illuftre Médiation ; nos Franchifes ; la pratique conftante des 14, 15, 16 & 17émes Siècles : L'article 1er. de l'office des trois autres Sindics, &c. &c. &c. N'eft-ce pas là tout autant de preuves qui fe prêtent un fecours mutuel & auxquelles il n'y a rien à repliquer ?

Cherchez, je vous prie, Monfieur, ces *Edits les plus formels*, ces *Loix les plus précifes*, dont fe vante l'Anonyme, &
vous

vous trouverez qu'il ne nous en a encore produit aucune. Il foutient que les Confeillers ou le Petit Confeil fans Sindic ont une autorité indépendante de celle des Sindics, mais il avoue (67) que *nulle part, l'Edit n'en règle l'autorité, qu'il la fuppofe partout, & qu'il ne la détermine jamais.* Les Edits les plus formels, les Loix les plus précifes, ne parlent-ils donc que par fuppofitions? A qui l'Anonyme fera-t-il croire que la Loi pour conférer cette autorité aux Confeillers, n'a parlé que de leurs devoirs, de l'obéiffance qu'ils doivent aux Sindics? Il étoit réfervé à notre Auteur de nous faire apercevoir les fineffes de l'Edit.

On fuppofe, ajoute-t-il, *que les Sindics ont droit de détabler dans le cas d'égalité de fuffrage.* Suppofition fur fuppofitions? L'Anonyme a trouvé celle-ci dans les Repréfentations tout comme celle de l'Autorité des Confeillers dans l'Edit. Cependant il foutient (53) que *les Sindics ne font que les Préfidens des Confeils, qu'ils n'ont que le pouvoir provifoire,* & que les
Tri-

Tribunaux exiſtent ſans eux; J'ai déja prouvé le contraire en démontrant la dépendance dans laquelle les Conſeillers ſont de ces premiers Magiſtrats. Il n'eſt pas difficile, de s'en convaincre, en fouillant dans les Actes, qui établiſſent le fondement de notre Conſtitution. Nous ne craignons pas d'y recourir, & il n'eſt dangereux d'y chercher la nature de notre Gouvernement, que pour ceux qui craignent de l'y trouver.

En vain l'Anonyme affirme-t-il que *l'Edit de* 1568 (64) *ayant réuni en corps de Loix, ce qu'on vouloit conſerver de nos anciennes coutumes, celles qui n'y ont pas été compriſes ſont par cela même cenſées abrogées, & qu'il ſeroit dangereux de fouiller dans les tems où nous avions un Evêque & point de Loix.* Où nous avions une Evêque & point de Loix! Quel langage? Monſieur, nous avions bien des loix, & des loix très favorables à notre liberté. Nos Franchiſes qu'étoient-elles?

Mais ces Loix ſont abrogées, dit l'Anonyme. Autre erreur. Il n'y a qu'à jetter les yeux ſur l'Edit de 1568 pour être

per-

persuadé du contraire. Le préambule de cet Edit suppose que le Gouvernement de la République est déja tout établi. *Pource que le Gouvernement de cette Ville consiste*, y est-il dit, *par quatre Sindics, le Conseil des 25, des 60, des 200 & du Général.* Ensuite on y voit que c'est un *recueil de l'ordre qui a été observé, dans les Elections des Offices, & dans leur exercice, avec quelques déclarations afin qu'il soit gardé à l'avenir.* Ces expressions démontrent bien évidemment. 1°. Que ces Edits ne sont pas un corps complet de Loix Politique; mais seulement un réglement pour les Elections des principales charges de la République, & pour la manière de les exercer. 2°. Que tous les Edits antérieurs à ce recueil sont restés dans leur force (*h*). Et s'il pouvoit y avoir

___

(*h*) Ce raisonnement est encore extrait du Mémoire du Magnifique Conseil remis aux Seigneurs Médiateurs. *L'an 1568 & le 29ᵉ Janvier*, y est-il dit, *le Conseil Général approuva le Corps d'Edits qu'on regarde communément dans Genève comme un Corps d'Edits complet, qui renferment tout ce qui peut regarder le Gouvernement ; mais c'est une erreur que le préambule seul de ce Corps*

avoir encore quelque doute là-dessus, il n'y auroit qu'à jetter les yeux sur le serment des Bourgeois. L'art. 3 de ce Serment porte une promesse d'observer, *les Libertés, Franchises, Us, Coutumes, Edits, Statuts & Ordonnances de la Cité.* Tout cela est bien distinct. Si les Edits, Statuts & Ordonnances de la Cité ont abrogé les Libertés, Franchises, Us & Coutu-

Corps d'Edits fait connoître. On y voit d'un côté que ce Préambule suppose que le Gouvernement de la République est déja tout établi. Pour ce que le Gouvernement, dit-il, de cette Ville consiste &c. On voit d'un autre côté que ce corps d'Edits n'est qu'un recueil de l'ordre qui a été observé jusques alors dans les Elections des Offices & dans leurs exercices, avec quelques déclarations, afin qu'il soit gardé à l'avenir. Cela suffit pour établir que ces Edits ne sont qu'un Corps particulier d'Edits qui règlent ces deux choses; les Elections des principales charges de la République, & la manière de les exercer: & qu'on se trompe quand on les regarde, comme un corps complet d'Edits Politiques de la République. La conséquence qu'on tire de cette remarque, & qui est très importante c'est qu'à la reserve de ce que ce Corps d'Edits peut avoir changé, & qui ne peut regarder que les Elections des offices ou l'exercise de ces Offices, Tous les Edits anterieurs a ce Recueil sont demeurez dans toute leur force. *Que l'Anonyme accorde, s'il lui est possible; Le sistême du Magnifique Conseil avec celui de ces Loix censées abrogées, parce qu'elle n'ont pas été comprises dans ce Recueil d'Edits.*

TROISIEME LETTRE. 157

tumes d'icelle, que fait-on donc jurer aux Bourgeois ? Est-il permis d'abuser ainsi de la Religion du Serment ?

Vainement donc nous prêche-t-on cette abrogation ; elle est chimérique. Il est permis, il est même nécessaire, de chercher dans les anciennes loix de la Cité la nature d'un Conseil dont l'Edit moderne, nous dit-on, *suppose par tout & n'établit en aucun endroit l'autorité*. Nous ne pouvons pas même nous en dispenser dans le cas présent, vû que l'article de l'Edit que nous avons déja cité si souvent, porte que les Sindics & Conseil soient Juges *comme d'ancienneté*. Qu'est-ce que ces dernières paroles signifient, si elles ne renvoyent pas aux anciens Statuts ?

Les Représentations page 62 & suivantes ont raporté ces anciens Statuts au sujet des Procès criminels & de la prononciation des Sentences, & je trouve encore évidemment dans ces anciennes loix comme dans l'Edit de 1568 ; d'un côté la subordination des Conseillers, & de l'autre la prééminence des Sindics. J'y trouve que les Conseillers ne sont tels, que

pour

pour être le Conseil des Sindics. De là la loi faite le 5°. Fevrier 1518 par laquelle il fut permis à chaque Sindic de choisir 4 Conseillers. Le Petit Conseil est donc composé des 4 Sindics, & de leurs Conseillers qui furent d'abord au nombre de 16, lequel a été porté ensuite à 21 : J'y trouve que les Conseillers sont proprement les Conseillers des Sindics, & de là dérive tout ce qui est contenu dans l'office du Conseil, l'obéissance entière qu'ils leur doivent, en un mot tout ce que j'ai déja énuméré dans le commencement de cette lettre. De là encore le serment qu'ils prêtent de donner bon & fidelle Conseil *sur ce qu'ils seront requis*: Delà ce qui est statué dans l'office du Premier Sindic, où la simple présence d'un Sindic n'est compensée que par celle de deux Conseillers. *Qu'il n'ouvre de lettres*, y est-il dit, *sinon en présence d'un autre Sindic ou de deux Conseillers* : De là l'impuissance où est le Petit Conseil, s'il n'est pas présidé d'un Sindic, de prendre le serment du Lieutenant & des Auditeurs : *Qu'ils fassent le serment*, dit l'Edit, l'Edit, *entre les mains des Sindics & du Conseil*: De là les censures que doivent subir les Conseillers, & non pas les Sindics, tous les Mécredis matin avant la célébration de la Sainte Cène, *afin que chaque Conseiller se contienne en modestie*: De là tant d'autres choses, qui se trouvent dans nos Edits, qu'il seroit trop long de rapporter, & qui marquent, que sans les Sindics, les Conseils ne sont rien du tout.

Quel est donc, Monsieur, ce nouveau sistême de Gouvernement ? s'écrie l'Anonyme (131). *Le Conseil des* 25, *le Conseil des* 60, *le Conseil des* 200, *dans lesquels l'Edit annonce que consiste le Gouvernement; ces Conseils dont il établit ou suppose l'autorité auxquels il attribue des prérogatives suprêmes, ces Conseils seront sans autorité! Et cela parce qu'on trouve les Sindics à la tête de ces différentes classes dont le Législateur a composé le Gouvernement! Ils sont nommés les premiers, donc ils sont les seuls?* Est-ce ainsi qu'on raisonne? Pas tout-à-fait, Mr.; Aussi n'est-ce pas là notre raisonnement. Nous ne disons pas qu'ils sont les seuls; mais

mais que les Conseils ne font rien fans eux. Dailleurs voici l'axiome au quel l'Anonyme répond ou prétend répondre, Il n'y a d'autorité dans le Gouvernement que celle que le Conseil Général confie a ses principaux Magistrats, & je puis lui oppofer deux autorités bien refpectables pour lui. *Les Sindics,* dit Mr. le Confeiller De Chapeaurouge, *font les dépofitaires de tous les Droits de l'Etat; c'eft de l'autorité feule de leurs charges qu'ils prennent le Droit d'en exercer les fonctions; C'eft à eux que l'autorité & l'adminiftration de toutes les affaires apartiennent.* Répétons ici le Mémoire du M. C. *Les Sindics font proprement les hommes du Peuple, les quatre Procureur Généraux dont il s'eft expreffément refervé le choix pour en faire les dépofitaires de fon autorité. Ils la portent avec eux.*

Mais peut-être Mr. De Chapeaurouge & le M. C. n'entendoient rien à la matière : L'Anonyme vient nous tirer les uns & les autres de l'erreur. C'eft le foleil qui paroit tout-à-coup pour diffiper les ombres d'une profonde nuit. Laiffons-là les autoritorités ; & discutons la matière avec lui.

Vôtre *sistême de Gouvernement* est un sistême *nouveau*, nous dit-il. Ce reproche sied-il bien à l'Anonyme qui ne veut pas nous permettre de remonter aux 14 & 15ᵉ. siècles? S'il craint les nouveautés, pourquoi se plaindre de ce que nous nous fondons sur *des titres surannés*, sur des *chartres rongées*?

L'Edit annonce, poursuit-il, *que le Gouvernement consiste dans le Conseil des* 25, *des* 60, *des* 200.

„ Le défaut de précision dans les ter-
„ mes est la source la plus ordinaire des
„ disputes " (29). L'Anonyme en parlant de ces Conseils, ne nous dit point s'il les considére les Sindics à leur tête, ou sans Sindics. Il semble les considérer sous ce dernier point de vûe, puisqu'il oppose l'existence des Conseils à celle des Sindics : & en ce cas nous lui soutenons qu'à prendre le mot de *Gouvernement* dans le sens le plus étroit, pour le Corps des Magistrats chargé de la direction ordinaire de la République, il n'y a point de Gouvernement sans

l

Sindics. L'Edit de 1707. nous aprend que *ce sont Messieurs les Sindics qui ont la direction & le* GOUVERNEMENT *de l'Etat*. Si nous prenons le mot de *Gouvernement* dans toute l'étendue de l'Edit fondamental; le Préambule de celui de 1568, & l'article Ier. du Réglement de la Médiation nous aprendront que les Sindics sont à la tête du Gouvernement, & que le Conseil Général en fait une partie essentielle. Donc il sera vrai de dire qu'il n'y a point de Gouvernement sans les Sindics & sans le Conseil Général.

L'Edit suppose ou établit l'autorité de ces Conseil. Suppose ou établit! Si cette autorité est établie, elle n'est pas simplement supposée, elle est incontestable; mais si elle ne git que sur une supposition, ce titre est bien mince.

Personne ne conteste la Souveraineté au Conseil Général. Toute l'autorité de la République vient se perdre dans ce Conseil. Cependant croyez-vous, Monsieur, que le Conseil Général existe en en l'abfence des Sindics ? Et que répondroit l'Anonyme, fi, argumentant comme lui, nous difions : *Quel eft donc ce nouveau fiftéme de Gouvernement ? Le Confeil Général dans lequel l'Edit annonce que confifte le Gouvernement, ce Confeil dont il établit la fuprême autorité, ce Confeil fera fans autorité ! Et cela parce qu'on trouve les quatre Sindics à la tête de ce Confeil ! Ils font nommés les premiers. Donc ils font les feuls ; Eft-ce ainfi qu'on raifonne ?*

Mais, dit encore l'Anonyme (63) *les Confeils & les Tribunaux n'exiftent-ils que par les Sindics ? Ces Confeils & ces Tribunaux font, comme eux, l'ouvrage de la Loi.* Et le Confeil Général n'eft-il pas auffi *l'ouvrage de la Loi* ? Cependant il n'eft rien fans les Sindics.

D'ailleurs que fignifie cet argument ; *ces Confeils & ces Tribunaux font l'ouvrage de la Loi ?* Les Dizeniers, les Guets, les Portiers, les Gardes des Tours & des Clochers, font auffi *comme eux, l'ouvrage de la Loi.* Sera-ce un titre pour eux d'afpirer à l'autorité du Gouvernement ?

Mais ainsi donc vous faites des Sindics, dit encore l'Anonyme, *des Magistrats d'un pouvoir presque absolu, & si nous étions assez malheureux pour avoir un pareil Gouvernement, c'est alors qu'il faudroit faire des représentations pour le changer.*

Non, Monsieur, les Citoyens & Bourgeois ne font pas de Messieurs les Sindics des Magistrats absolus, mais ils disent après un Conseiller d'Etat (1), *que les Sindics représentent en toute manière la Communauté; que c'est aux Sindics de la République que la Loi a confié le bon ordre & la police du Gouvernement; que les Sindics sont les uniques Chefs de la République, les Conducteurs du Peuple, les Protecteurs de ses droits, les défenseurs de sa liberté,* qu'eux seuls donnent audience dans les Conseils, eux seuls font les réponses. Voilà leurs prérogatives : Mais rendent-elles le pouvoir des Sindics absolu ? Ne 'doivent-ils pas rendre compte au Peuple de leur administration avant de s'en démettre ? Peuvent-

―――――――――――――
(1) Mr. De Chapeaurouge Mémoire de 1716. déja cité.

vent-ils faire de nouvelles Loix, des traités, des alliances, aliéner ou échanger des domaines, emprunter, ni hypothéquer ? Ils ne peuvent faire ni la guerre, ni la paix; lever ni impôts ni subsides, augmenter ni les fortifications ni la garnison, ni recevoir aucun secours étranger: Ils ne peuvent pas seulement mettre un homme de plus à un poste: Avec l'avidité la plus industrieuse, ils ne sauroient détourner une seule obole des deniers publics. Ils ne peuvent élargir un prisonnier de leur autorité, ni le juger sans le concours du Conseil.

Faut-il de plus grandes précautions ? Leur autorité finit avec l'année de leur Sindicat; & ils n'y parviennent de nouveau qu'après trois ans révolus, & par le suffrage du Peuple, dont ils ne peuvent se flatter d'être honorés, s'ils n'ont pas fidélement administré l'Etat.

Enfin, pour tranquilliser pleinement l'Anonyme, rapportons encore un morceau du mémoire du Magnifique Conseil. L'empire de la vérité est tel, qu'elle se fait jour dans les esprits éclairés, au travers

vers même des erreurs, lorſque le déſir d'établir un ſyſtême favori ne l'offuſque pas. Il eſt ſatisfaiſant pour nous de combattre ſous les enſeignes du Conſeil Nos cœurs s'ouvrent alors à la joye, & nous nous flattons qu'un tems heureux viendra auquel tous diſſentimens s'évanouiront. Voici ce morceau qui ſuit immédiatement celui dans lequel on a ſi bien établi la dignité, la puiſſance & les obligations des Sindics. *Trois circonſtances modèrent l'autorité de ces chefs de la République, la première, qu'ils doivent être au nombre de quatre; la ſeconde, que leur charge n'eſt que pour une année; & la troiſième, qu'ils ne peuvent y revenir qu'après trois ans révolus & par une Election nouvelle.*

Suppoſons un moment avec l'Anonyme, que les Sindics n'ayent que le frivole honneur de marcher avant les Conſeillers, & qu'ils leur ſoient d'ailleurs égaux ; notre conſtitution eſt renverſée ; la plus belle prerogative du Peuple, qui conſiſte à élire lui-même ſes principaux Magiſtrats, eſt vaine &

mê-

même ridicule; puisque treize Conseillers qui sauront s'entendre, quelque odieux qu'ils puissent être à la Nation, gouverneront l'Etat, non pour un an comme font Messieurs les Sindics, mais pour toujours. L'Edit qui a si fort redouté l'abus du pouvoir, qu'il restraint à une année celui même des Magistrats qui sont du choix du Peuple, abandonneroit-il des voyes si sages, en faveur d'un Conseil dont le Peuple ne se mêle pas? Ainsi les Sindics, entant que Sindics, verroient finir avec l'année une autorité, que leur qualité de Conseillers leur assûreroit en même tems comme permanente. Quelle absurdité!

Comment fait-on en Audience? (65). *Le Tribunal de Monsieur le Lieutenant,* dit l'Anonyme *juge en première instance les causes civiles; il juge ce qu'on appelle le petit criminel, il a une partie du pouvoir exécutif, & il agit indépendamment des Sindics.* Pourquoi *le Petit Conseil,* établi *par la Loi* aussi bien que ce premier Tribunal, n'existeroit-il pas dans certains cas sans Sindics.

Je ne sais ce que c'est que ce petit criminel dont parle l'Anonyme en plus d'un endroit de son ouvrage ; il n'y a qu'une règle à suivre pour tout ce qui tient au criminel ; & c'est en vain que j'ai feuilleté l'Edit pour y trouver la différence que l'Anonyme établit. Mais si le Tribunal de l'Audience agit & existe sans Sindic ; on ne peut pas en tirer de conséquence pour quelque autre Tribunal que ce soit.

1°. Il est présidé par Monsieur le Lieutenant, qui tient rang immédiatement après Messieurs les Sindics, qui reçoit son pouvoir du Peuple, & qui lui rend annuellement compte de son administration.

2°. Tous les Magistrats qui composent ce Tribunal sont dans le même cas quant à l'Election, & à la nécessité de répondre de leur gestion.

3°. Ce Tribunal n'a pas le droit de juger les criminels, comme l'ont les Tribunaux auxquels l'Anonyme veut faire administrer la justice indépendamment des Sindics, & de tout autre Ministre du Peuple.

4°.

4°. Enfin il a été établi par la loi pour exister sans Sindics, pour agir indépendamment d'eux; de manière qu'ils ne pussent connoître de ses sentences que par apel, tandis qu'elle a établi les Sindics pour les Chefs du Petit Conseil; que ce Conseil des 25 ne seroit que de 21, si on en retranchoit les Sindics; & qu'un Conseil de 21 est inconnu dans notre République.

Voilà, Monsieur, quatre différences assez essentielles pour renverser la loi d'Analogie que l'Anonyme croit voir entre le Petit Conseil & le Tribunal de l'Audience.

Il détruit lui-même bientôt cette Analogie. *Le Petit Conseil*, dit-il (66), *est le Gouvernement même, & à ce titre il exerce toute l'autorité qui n'est pas attribuée aux autres Corps de l'Etat.* Ces termes sont ambigus, pouvant s'approprier à tous les ordres de l'Etat, car l'un n'est pas plus le Gouvernement que l'autre. Je puis dire dans le même sens: Le Tribunal de l'Audience est le Gouvernement; & il exerce toute l'Autorité qui n'est n'eſt pas attribuée aux autres corps. Le Petit Conſeil n'en exerce point & n'en doit point exercer d'autre que celle que la loi lui donne. Mais eſt-ce là la queſtion qui nous diviſe? Nous diſons que le Petit Conſeil, quelle que ſoit ſon autorité, n'eſt rien, s'il n'eſt pas préſidé par un Sindic. Il ne s'agit pas ici de l'étendue du pouvoir de ce Conſeil; mais de ſavoir comment il doit être compoſé pour en avoir un quelconque.

L'Anonyme, comme je l'ai déja remarqué, avoue avec nous que *l'Edit ne détermine nulle part l'autorité du Conſeil.* Elle n'émane donc pas l'Edit; il en convient, & c'eſt tout ce que je demande. Elle émane par conſéquent des Sindics; Mais ſi le Conſeil a une autorité indépendante de celle des Sindics; & quelle ne ſoit déterminée nulle part dans l'Edit, elle ſera entièrement indéterminée, cette autorité; elle n'aura point de bornes, & alors où en ſeront nous? Les empriſonnemens *ſans aucune adſtriction ni condition* ne ſeront pas les ſeuls effets de cette autorité arbitraire. *Tout Citoyen*

(*i*)

TROISIEME LETTRE.

(*i*) *a le Droit de n'être Jugé que suivant les Loix*. Dans le Gouvernement Republicain (*k*), il est de la nature de la Constitution que les Juges suivent la lettre de la Loi. Il n'y a point de Citoyen contre qui on puisse interpréter une Loi quand il s'agit de ses biens, de son honneur ou de sa vie. Mais quelles loix suivra un Tribunal qui se prétendra Juge des causes criminelles avec une *autorité* qui *n'est déterminé nulle part* ? Quelle loi reclamera le Citoyen dans un Tribunal qui tirera toute sa force du silence même des loix ? Citoyens ! On n'interprêtera pas les Edits contre vous ; Mais on vous les opposera tous. Il n'en est aucun, qui permette de vous opprimer ; donc ils supposent par tout ce pouvoir. Défendez vos loix, ces sauve-gardes de vos biens, de votre honneur, de votre vie ; sinon tremblez sous le joug d'un pouvoir arbitraire, d'un *pouvoir qui n'est déterminé nulle part* !

Mrs. les Sindics sont liés aux Con-
seil-

(*i*) Remontrances du Parlement de Paris du 19ᵉ Juillet 1760.
(*k*) Esprit des Loix.

seillers; car ils sont obligés de juger les criminels conjointement avec le Conseil, quoiqu'ils puissent les faire emprisonner sans le Conseil. Mais il n'est pas vrai qu'ils soient par là subordonnés au Conseil. Que nous dit le Mémoire remis aux Seigneurs Médiateurs? *Le Conseil des 25 est le Conseil ordinaire des Sindics ; c'étoit aussi dans les premiers tems les Sindics qui les choisissoient eux-mêmes ; aujourd'hui c'est au Conseil des 200 que l'Election en apartient. Le Conseil des 25 est avec les Sindics, le corps représentatif de la Seigneurie ; & c'est par cette raison qu'il en porte le nom avec eux, & qu'il participe avec eux à tous les honneurs qui y sont attachés.* Faites attention, Mr., que ce Conseil est toûjours conjoint *avec les Sindics*; que s'il représente la Seigneurie, ce n'est que parce *qu'il participe avec eux aux honneurs qui y sont attachés.* Après cela peut-on dire que *l'autorité de Messieurs les Sindics en matière criminelle est subordonnée à celle du Conseil* (67)?

Ne laissons pas cependant sans replique une idée que l'Anonyme glisse en paspaffant. *Par l'ufage*, dit-il (68), *les Sindics ne donnent pas leur voix dans les Elections qui fe confomment en Confeil Général. S'il y avoit égalité de fuffrages, il me paroit qu'ils auroient droit de la donner.* C'eft-à-dire, qu'au fentiment de l'Anonyme, Meffieurs les Sindics auroient le droit de faire la loi au Confeil Général; car fi en cas d'égalité ils avoient le pouvoir de détabler, il eft inconteftable qu'ils feroient eux feuls l'Election. Quelle bizarerie ; Le Confeil des 25 ne dépendra point des Sindics, mais ils feront au-deffus du Confeil Général ! *Voulez-vous avoir des gens au-deffus de vous ?* demandèrent les Sindics au Peuple le 8ᵉ Fevrier 1534. *Non pas fur nous*, répondit le Peuple ; *car le Confeil Général eft par deffus tout.*

Par tout ailleurs, continue l'Anonyme, *les Sindics donnent leurs fuffrages, avec cette circonftance remarquable, que pour empêcher les effets d'une influence que leur rang pourroit leur donner contre le vœu de la Loi. ils opinent toûjours les derniers.* Si la loi a voulu empêcher l'effet de leur influence, l'ordre

exi-

exigeoit auſſi qu'ils opinaſſent les derniers; parce qu'ils attendent d'avoir l'avis de leurs Conſeillers pour ſe déterminer; parce que c'eſt à eux à réſumer les avis des Préopinans, & à faire tomber, toute propoſition contraire *à l'Edit que les Seigneurs Sindics ont juré au Peuple de faire obſerver*, dit le Régître Public dans plus d'un endroit. C'eſt en vertu de ce Serment qu'il s'oppoſérent à la propoſition faite le 26ᵉ Aouſt 1653. Voici cette anecdote tirée mot à mot du Régître.

„ Au Magnifique Conſeil des CC. „ Sur
„ la Propoſite faite d'engager le droit
„ d'un pour cent des conſignations des
„ deniers des fonds ſubhaſtés en la Juſ-
„ tice ordinaire, Meſſeigneurs les Sindics
„ ont repréſenté *que la dite propoſition*
„ *étant contre les Edits, ils proteſtoient de ne*
„ *pouvoir permettre qu'elle fut reçue*,
„ ſans toute fois empêcher qu'on en dé-
„ libérat afin que le Conſeil en fut bien
„ informé. Et enſuite étant opiné ſur
„ icelle, a été arrêté que la dite pro-
„ poſite du dit engagement d'un pour
„ cent, ſur les dites conſignations, ſoit
„ re-

„ rejettée & que l'exaction du Droit des „ confignations fe fera ci-après à forme „ de l'Edit. Pourquoi les Sindics empê- chèrent-ils que cette propofition fut re- çue fi leur autorité étoit fubordonnée à celle du Confeil ? Pourquoi permirent- ils d'en opiner, feulement comme par con- defcendance ? Eft - ce là l'effet d'une Puiffance qui vient fe perdre dans la Puiffance du Tribunal ?

Et comprendra-t-on, pourfuit l'Anony- me (72) *que fi l'Edit eut voulu que les Tribunaux criminels fuffent préfidés par les Syndics ; s'il eût regardé cette Préfi- dence comme effentielle, il ne l'eût pas expreffément ftatué* ? Il me paroît que j'ar- gumente plus conféquemment, en difant : L'Edit fondamental ordonne que les Sin- dics & Confeil foient Juges de toutes caufes criminelles ; cela eft fans excep- tion. En ftatuant fur les récufations, il ordonne aux Confeillers feuls de fe re- tirer, & nullement aux Sindics. Com- prendra-t-on que, fi l'Edit eût voulu qu'il y eût des Tribunaux fans Sindics, s'il n'eut pas regardé leur Préfidence comme
eſſen-

essentielle, il eut dit simplement, *Pour quelles causes se retireront les Conseillers*, au lieu de dire, *les Sindics & les Conseillers*? S'il n'eut pas regardé cette Présidence comme essentielle, auroit-il ordonné que les Sindics présideroient par tout ? les auroit-il substitués les uns aux autres ? auroit-il affecté en un mot de borner les causes de récusation pour les Conseillers seuls ?

L'Edit des Récusations passé en 1713, parle de la récusation *des Juges*, & par ce terme il semble qu'on peut entendre tous les Juges, & par conséquent les Sindics aussi bien que les Conseillers. Mais cet Edit, après avoir prononcé cela au Titre 2, apelle au Titre 12 les Sindics & Conseil à être *Juges comme d'ancienneté dans tous les procès criminels*. Or nous avons vû que de toute ancienneté les procès criminels n'ont pu se poursuivre sans Sindic ; & l'Edit des Récusations déroge si peu à cette Loi fondamentale, qu'il veut que les Sindics soient Juges dans toutes les causes criminelles. Et comme lorsque deux loix paroissent en opposition, on doit consulter

TROISIEME LETTRE. 177
les autres loix, je cherche dans l'Edit fondamental quels sont les Juges récufables; & je trouve que ce font les Confeillers feuls. Je cherche dans le Réglement de l'Illuft. Médiation; & j'y trouve encore la loi fondamentale répétée mot-à mot; *Que les Sindics & Confeil foient Juges comme d'ancienneté.*

Quelque défir que j'aye de me conformer à la Loi des Récufations de 1713, il me paroit que lorfqu'elle exclud les 4 Sindics, elle eft en oppofition manifefte avec toutes ces Loix qui veulent que les Sindics jugent *comme d'ancienneté*; & j'eftime que c'eft un de ces cas nouveaux & imprévûs auxquels le Souverain doit pourvoir.

Qu'il y ait des cas réfultans de cette Loi des Récufations qu'elle n'a pas prévûs; c'eft ce qu'on ne peut fe diffimuler pour peu qu'on y réfléchiffe; & nous prions les perfonnes impartiales de s'en occuper quelques momens. Cette Loi s'étend fi loin qu'il ne faut qu'un procès entre deux Maifons de Commerce, dont le crédit & les familles foient confidéra-
m   bles

bles, pour exclure non-seulement tout le Petit Conseil, mais encore la plûpart des Membres du 200. Quel parti prendre sinon celui de recourir d'avance au Souverain pour y pourvoir?

Les Citoyens & Bourgeois se sont bornés à demander que le Conseil Général fût consulté sur cette matière; & jusques à ce que ce Souverain Conseil ait prononcé, ils sont bien fondés à dire que le seul mot de *Juges* qui se trouve dans l'Edit des Récusations de 1713, & qui forme tout au plus une équivoque en faveur du systême de l'Anonyme, ne suffit pas pour détruire la pratique ancienne, recommandée par ce même Edit; pour abroger la Loi fondamentale confirmée par le Réglement de l'Illustre Médiation; pour faire présider les Tribunaux Criminels par des Juges pris au hazard du Rôle, qui ne sont point les Ministres du Peuple, auquel seul il apartient de revêtir quelqu'un de ce pouvoir éminent.

Celui qui, sans être Sindic, préside à un Tribunal criminel, est, à proprement parler, un Sindic substitué, & le
Con-

TROISIEME LETTRE.

Conseil Général seul peut faire cette substitution. L'Auteur en convient (58). *Le choix des Sindics à substituer ne peut se faire que dans le Conseil Général.* Il se retranche donc sur une dispute de mots; parce qu'il prétend que le Président d'un Tribunal criminel nommé par le Conseil n'est pas un Sindic : mais il tient la place d'un Sindic; il fait son office, car les Sindics doivent être Juges. Pour ne pas convenir que cette substitution doit se faire par le Conseil Général, le Magnifique Conseil dit dans une de ses Réponses *que l'Edit a prévû & fixé le cas auquel il y a lieu à la substitution d'un Sindic, & qu'en se bornant à ce cas, il a exclu par conséquent tout autre cas de substitution.* Mais si l'Edit a exclu tout autre cas de substitution faite par le Conseil Général, il a bien mieux exclu tout cas de substitution à faire par le Petit Conseil, puisque *le choix des Sindics à substituer ne peut se faire que dans le Conseil Général.* Je ne sais, Monsieur, si vous comprenez mon argument; mais pour le rendre plus sensible je vais, vous le présenter en y joignant la considération qui résulte de l'article des Récusations dans l'Edit Politique.

L'Edit a ordonné la récusation des *Juges*. Il nous explique quels sont ces Juges ; ce sont *les Conseillers*. En se bornant aux Conseillers, il a exclu par conséquent les Sindics des cas de récusation. Sous quelque nom que vous désigniez les Présidens de ces Tribunaux criminels sans Sindic, ils tiennent la Place d'un Sindic qui y présideroit, s'il n'étoit pas recusé ; cela est incontestable : ils le représentent & font sa fonction ; ils sont par conséquent substitués à un Sindic. Mais *l'Edit* ayant *exclu tout autre cas de substitution* que celui de mort, de quel droit le Conseil substitue-t-il aux Sindics dans les cas de Récusations, lui qui au sentiment même de l'Anonyme n'a le droit de leur substituer en aucun cas ?

L'argument du Magnifique Conseil est donc entièrement en notre faveur; & l'Anonyme n'auroit pas cherché à faire usage de l'Edit sur la substitution d'un Sindic en cas de mort, s'il eut fait attention, qu'absolument parlant, il n'y avoit que les

les Conseillers de récusables avant l'Edit de 1713. Il ne pouvoit donc manquer de Sindics pour présider aux Tribunaux qu'en cas d'absence, de maladie, ou de mort. Le premier article de l'Office des trois autres Sindics avoit pourvû aux deux premiers cas; & celui de la substitution pourvoyoit au cas de mort. Et n'est-il pas de la dernière évidence que les Sindics n'étant recusés qu'en vertu d'un Edit de 1713, celui de 1568 n'avoit pu prévoir ce cas, ni y pourvoir? Dire comme l'Anonyme, qu'il n'y a pas lieu de porter au Conseil Général la substitution à un Sindic recusé par l'Edit de 1713, parce que l'Edit a prévû & fixé en 1568 la substitution d'un Sindic en cas de mort, certainement *ce n'est pas là répondre*; (je puis me servir de cette expression avec plus de fondement que l'Anonyme (69); car peut-on dire avec quelque ombre de raison, *qu'il étoit tout aussi aisé & plus naturel de prévoir* dans l'Edit de 1568, le cas de la récusation des quatre Sindics résultant d'un Edit de 1713,

1713; que celui auquel un Sindic *mourroit dans un certain tems* ?

Les Citoyens & Bourgeois ont dit que loin que le Conseil Général ait pensé à se dépouiller du Droit de substituer un Sindic dans tous les cas, il n'a pas même voulu remettre celui de recevoir le serment d'un Sindic qu'on élit étant absent. *Qu'a de commun*, replique l'Anonyme (69), *avec cette subrogation, le serment que les Sindics doivent au Conseil Général? Ce seroit encore vouloir se tromper*, ajoute-t-il (80), *que de chercher un garant de l'usage de cette autorité dans le serment que prêtent les Sindics dans les mains du Peuple.* Le serment que prêtent les membres du Conseil est-il moins obligatoire ? Et l'exécution des engagemens contractés avec la Divinité même, dépend-elle du lieu dans lequel on les contracte ? Non, elle n'en dépend pas. Mais s'ensuit-il de là que tous les sermens imposent les mêmes devoirs, qu'il en résulte la même autorité ? Un huissier qui prête serment entre les mains de Monsieur le Lieutenant de bien verser dans son emploi, un Maître Maçon qui jure de visiter & raporter exactement l'état
d'une

d'une Maison, une Gagère à qui on impose le serment d'estimer les meubles d'une hoirie à leur juste valeur ; tous ces gens là contractent sans doute *avec la Divinité même.* Cependant l'Anonyme trouveroit-il bienséant qu'on fit comparaison du serment d'un Conseiller d'Etat à celui d'un Maçon, d'un huissier, d'une fripière ?

L'étendue, l'importance, & l'autorité qui résultent du serment, dépendent de l'étendue & de l'importance des engagemens qu'on prend en jurant. Si l'objet en est légitime, il est par cela même obligatoire, quelque minime que puisse être cet objet. Cependant on aporte plus de solennité à la prestation du serment, à mesure que les objets en sont plus importans. Dans un Royaume le simple sujet prête serment entre les mains du Magistrat ; mais l'héritier de la Couronne parvient-il au Trône ; il jure sur le grand Autel, entre les mains d'un Archevêque, en présence des Grands, & des Officiers du Royaume, & à la vûe de tout le Peuple. Y a-t-il parité entre ces deux fermens ? Chez nous les particuliers jurent seulement, entre les mains d'un Magistrat, & avec moins de solennité que ces Magistrats eux-mêmes & les autres Officiers de la République, qui prétent serment dans les Conseils entre les mains des Sindics ; parce que les engagemens que ces Magistrats & ces Officiers prennent, sont plus considérables, & qu'il importe beaucoup plus au bien de l'Etat qu'ils soient observés. La fonction des Sindics étant bien supérieure, & bien plus importante que celle des Conseillers & des Officiers ordinaires de la République ; il étoit nécessaire d'aporter toute la solennité possible à la prestation de leur serment. Ils le prêtent donc dans l'Eglise, & entre les mains du Conseil Souverain, auquel ils auront à rendre compte de leur administration. Ce n'est pas tout. Lisez, je vous prie, Monsieur, le serment des Sindics, & celui des Conseillers ; & si nos obligations découlent de nos promesses ; si le Souverain, en assignant des fonctions à ses Officiers, leur assigne par cela même la mesure du pouvoir nécessaire faire pour les remplir ; jugés par la comparaison de ces deux fermens, si le Conseiller qui jure feulement *de donner bon & fidèle conseil sur ce qu'il sera requis, de prononcer en tout droit & équité ce qu'il lui semblera, sans faveur ni haine des parties* ; si, dis-je, ce ferment indique aucune autorité, & s'il est à comparer à celui des Sindics, qui porte promesse *de maintenir & défendre de tout leur pouvoir la Liberté, Edits, & les Droits de la Ville, d'exercer bonne & droite justice, rendans à chacun ce qui lui apartient, soutenant les bons & punissant les mauvais sans haine ni faveur* ? Comment pourront-ils maintenir & défendre les droits du Peuple dans des Conseils où ils n'assisteront pas ? Quel compte lui rendront-ils de la manière dont la Justice aura été exercée, s'ils n'ont eu aucune part à l'instruction des procès criminels les plus importans ?

L'Edit veut, nous dit-on (72), *que la nomination des Adjoints se fasse par les Présidens du Tribunal* : cette dénomination n'emporte-t-elle pas dans son sens littéral *teral & naturel,* ceux qui par leur rang feront à la tête du *Tribunal,* qu'ils soient *Sindics,* ou qu'ils ne le soient pas ?

Pétition de principe que ce raisonnement. Nous disons: Il n'y a point de Tribunal, s'il n'y a point de Sindic qui y préside ; donc *Président* & *Sindic* dans le cas présent sont sinonymes. Et nous avons en notre faveur ces Loix expresses. *Que les Sindics & Conseil soient Juges. Que le premier Sindic absent ou malade, le second & conséquemment les autres fassent l'Office d'icelui.* Nous avons encore l'avis du Magnifique Conseil. *Le Peuple,* disoit-il en 1737 dans le Mémoire à la Médiation, *le Peuple a le droit d'élire les Chefs de l'Etat, les Présidens de tous les Conseils.*

Si *l'Edit,* dit encore l'Anonyme (72), eut entendu que ces *Présidens étoient & ne devoient être que les Sindics ;* pourquoi *l'Edit* n'ordonne-t-il pas que les Adjoints seront nommés par les Sindics Présidens du Tribunal ? Pourquoi désigne-t-il les Sindics par le mot générique de Présidens, & non par leur nom propre ? Par quelle sin-
gu-

gularité dans l'endroit où il falloit les qualifier avec le plus de précision, oublie-t-il de les qualifier? Et comment se fait-il que ce soit le seul endroit de l'Edit où les Sindics soient appellés Présidens, si ce n'est pas un autre ordre de Présidens que l'Edit a eu en vûe?

Je l'avoue, Monsieur, des questions sont conçues si énergiquement, elles m'ont paru si pressantes, qu'elles m'ont mis dans l'embaras. Mais qu'elle n'a pas été ma surprise de les voir se dissiper d'elles-mêmes à l'ouverture de l'Edit? S'il n'y a pas nombre suffisant de Juges (1) dans les Tribunaux dont il est parlé ci-dessus, il y sera supléé par des Adjoints. Les dits Adjoint seront nommés par les Présidens. Et remontant à ces precédens articles, qui sont les 34, 35 & 36 du même titre, je trouve qu'il y est parlé de la Cour du Lieutenant, & du Petit Conseil. Or l'Edit ayant en vûe ce premier Tribunal qui est présidé par Monsieur le Lieutenant ou par un Auditeur, & celui des Appellations suprêmes, ne pou-

(1) Edits Civils, Titre 1er. Article 37 & 38.

pouvoit pas dire *les Sindics Préſidens* ſans dire auſſi le *Lieutenant Préſident*, *l'Auditeur Préſident*. C'eſt pourquoi il s'eſt ſervi du terme générique *de Préſidens*. Ici je ne puis me refuſer à une queſtion bien ſimple. Ces articles 34 35 & 36 du titre 1er. de l'Edit Civil, avoient-ils échapés à l'Anonyme ? s'il les connoiſſoit , dans quelle vûe a-t-il élevé cette queſtion ? Etoit-ce pour nous éclairer ?

Que l'Anonyme nous permette de lui faire à notre tour quelques queſtions. Notre unique but en cela eſt de bien connoître ſon ſiſtême.

Dans les affaires criminelles, dit-il (82), *il faut des informations préliminaires pour découvrir le crime, & en arrêter les auteurs. Si on commençoit par former le Tribunal, on avertiroit les coupables.* Il n'y a donc point encore d'autorité viſible à laquelle on puiſſe recourir. Il faut bien que les Sindics ordonnent les premières procédures ; mais cette néceſſité tombe, lorſque le Tribunal eſt formé, & avec elle le pouvoir des Sindics qui va ſe perdre dans le pouvoir du Tribunal. L'Anonyme nous accuſe (48) de faire *des ſergens* de Meſſieurs

sieurs les Auditeurs, parce que nous disons avec la loi, qu'ils doivent conduire les accusés à Messieurs les Sindics avant de les emprisonner. De quel nom appellerons-nous ces Sindics qui n'auront que le pouvoir momentané d'ordonner les premières procédures, jusques à ce qu'il y ait *une autorité visible à laquelle on puisse recourir* ? Voyez, Monsieur, à quel point on ose avilir la dignité de ces premiers Magistrats, du premier ordre de la République, des seuls à qui le Souverain ait confié *la Direction & le Gouvernement de l'Etat*. Concevez-vous qu'il puisse y avoir d'autre *autorité visible* que celle qui est attachée aux marques visibles, aux bâtons Sindicaux ?

Ici l'Anonyme veut que les Sindics ordonnent nécessairement les premières procédures avant la formation du Tribunal; mais s'il étoit question d'un cas où *les Sindics seroient récusables, il n'y auroit*, dit-il (49), *point d'autorité dans l'Etat pour arrêter l'accusé*, si le Lieutenant, les Auditeurs ou le Conseil n'en ont pas le droit. Donc dans ce cas-là les Sindics

dics ne pourront pas ordonner les premières procédures. Renverront-ils l'affaire au Conseil ? Ce seroit commencer *par former le Tribunal*, & cela ne conviendroit pas, suivant l'Anonyme. La renverront-ils au Lieutenant, aux Auditeurs ? Mais ce seroit ordonner les premières procédures. Et comment *des Sindics qui ne pourroient pas présider au Conseil qui convoqueroit le Conseil Général pour une affaire où ils sont récusables* (59), pourront-ils ordonner les premières procédures dans la même affaire ? N'est-il pas infiniment plus facile de favoriser un accusé par ces premières procédures dont le degré de rigueur dépendra de ceux qui les ordonneront, que par la Présidence au Conseil qui assemblera le Conseil Général ?

L'article 38 déja cité, porte ; *s'il n'y a pas nombre suffisant de Juges, il y sera supléé par des Adjoints pris du Conseil des 200 suivant l'ordre du Rôle ; lesquels seront obligés par leur serment de se joindre, lorsqu'ils auront été apellés, pour le jugement de quelque procès,* AUX JUGES *auxquels ils auront été adjoints &c.* Comme
vous

vous le voyez, Monsieur, ces Adjoints sont adjoints aux Juges, & dans le cas seulement qu'il ne reste pas nombre suffisant de Juges dans le Tribunal. Mais s'il ne restoit pas un seul Juge, comme cela peut facilement arriver à l'Audience, aux Appellations & en Petit Conseil, comment composera-t-on le Tribunal ? S'il est uniquement composé de simples Membres du 200, qu'il n'y ait pas un seul des Juges naturels & ordinaires, le vœu de la loi qui ordonne des Adjoints aux Juges sera-t-il accompli ? N'est-ce pas là un Tribunal tout nouveau & absolument inconnu dans nos Edits ?

Ce n'est pas la seule difficulté, nous en avons indiqué d'autres sur lesquelles il est nécessaire d'insister encore un moment. Ces Adjoints doivent être nommés par les *Présidens* du Tribunal. Lorsque les quatre Sindics seront recusés, comment connoîtra-t-on celui qui devra être le Président ? Car, au sentiment de l'Anonyme *les Sindics récusables ne pouvant pas présider au Conseil qui convoqueroit le Conseil Général pour une affaire où ils sont*
ré-

récufables, pourront bien moins en pareil cas préfider au Confeil qui nommera le Préfident du nouveau Tribunal. Qui préfidera donc à ce Confeil ? Ce ne feront pas les autres membres récufés comme les Sindics. Qui donc ? le premier des Confeillers non-récufable fans doute. N'eft-il pas étonnant que ce Confeiller qui peut être auffi récufable, & cependant ne pas penfer à fe recufer, fe crée lui-même Préfident; & que femblable à ce Cardinal qui s'écria, *Ego fum Papa*, ce Confeiller qui n'avoit nulle autorité, il y a un quart d'heure, ait aquis par lui-même, fe foit revêtu de l'emploi le plus éminent de la République ; & que, fans demander le confentement de qui que ce foit, il prenne en mains les rênes du Gouvernement, & réuniffe dans fa perfonne le droit de nommer les Repréfentans du Gouvernement même, & de conférer à lui & au nouveau Confeil de fa nomination toute l'autorité de l'Etat.

Ce n'eft point porter trop loin la conféquence. Elle eft toute entière dans le fiftême de l'Auteur. *L'Edit vouloit*, dit-il (66),

TROISIEME LETTRE.

il (66), attribuer aux *Sindics le pouvoir provisoire, mais ne leur attribuer que le pouvoir provisoire. Voilà les limites de leur pouvoir. Le Petit Conseil est le Gouvernement même, & à ce titre, il exerce toute l'autorité qui n'est pas attribuée aux autres Corps de l'Etat* (82). Il faut bien que les Sindics ordonnent les premières procédures ; mais cette nécessité tombe, lorsque le Tribunal est formé, & avec elle le pouvoir des Sindics qui va se perdre dans le pouvoir du Tribunal. Les Sindics & Conseil sont Juges de toutes causes criminelles ; ou, pour m'exprimer mieux dans le gout de l'Anonyme, le Petit Conseil seul est Juge de tous les Procès criminels. Et il n'y a pas deux Petit Conseils. Dès le moment que le Président du nouveau Tribunal a nommé les Adjoints, & toutes les fois que ce Tribunal siège ; voilà le Petit Conseil ; voilà le *Gouvernement même*, celui qui exerce *toute l'autorité qui n'a pas été attribuée aux autres Corps* ; voilà le Tribunal dans l'autorité du quel *va se perdre le pouvoir des Sindics*. Que pensez vous, Monsieur, de ce sistême de législation ?

n   Si

Si Messieurs les Sindics ne peuvent siéger dans ce cas-là, Monsieur le Lieutenant & Messieurs les Auditeurs ne pourront pas non plus présider au Tribunal de l'Audience dans les mêmes cas. Cependant c'est à eux comme Présidens de ce Tribunal, & non à Messieurs les Sindics, à nommer les Adjoints, Que *d'embarras*! Que *de bizarreries*! Que *d'inconvéniens*! N'est-il pas vrai, que c'est l'Auteur qui vient nous présenter *des sistêmes de fantaisie* (61)?

J'ai dit plus haut que le *Petit Conseil seul* est Juge de tous les Procès criminels, & je l'ai dit à dessein pour répondre à la critique que l'Anonyme fait (73), d'un argument qui se trouve dans les Représentations. Il se peut que cet argument soit mal exprimé. Le Magnifique Conseil avoit dit que quand l'Edit parle des Sindics & Conseil, ce n'est que pour désigner le Tribunal. *Si la Loi n'eut voulu que désigner le Tribunal*, ont repliqué les Citoyens & Bourgeois (*m*), *elle auroit*

(*m*) Page 60.

SECONDE LETTRE. 195

roit dit simplement, *le Conseil des Vingt-Cinq sera Juge*. Cela est louche, j'en conviens, mais ne présente aucune équivoque, puisqu'ils continuent ainsi. *En disant, les Sindics & Conseil seront Juges, la Loi statue*, qu'on ne peut former ce Tribunal sans Sindic. Mrs. les Sindics sont Membres & Chefs du Conseil, & comme tels appellés à juger par la Loi même qui lui donne cette attribution ; & cependant la Loi leur en confère encore particulièrement le pouvoir, en les désignant d'une manière spéciale, ,, les Sindics & Conseil. " Mrs. les Sindics ont donc une double vocation, qui les distingue sans doute d'une manière bien éminente.

Des explications l'Anonyme passe aux exemples (75). L'article 38 du Réglement de l'Illustre Médiation auroit dû lui imposer silence sur ce qui se passa entre les années 1734 & 1738. Le profond respect que nous portons à ce Réglement salutaire, m'engage à ne dire qu'un mot pour détruire l'argument que l'Auteur tire de ces exemples.

Celui

Celui de 1734 eſt mal choiſi. Qu'eſt-ce que la Bourgeoiſie demandoit? *Un Tribunal légal*, nous dit lui-même l'Anonyme. Un Tribunal *légal* devoit-il être un Tribunal contraire à la loi, comme l'auroit été un Tribunal ſans Sindic ?

Celui du Mois de Janvier 1736 n'eſt pas plus heureux. Les accuſés ne furent point jugés au criminel; & des parens & amis de ces Citoyens atteſtent qu'ils voulurent bien ſe taire ſur l'illégalité du Tribunal, & ſur divers autres griefs, pour ne pas augmenter la fermentation qui régnoit dans ce tems-là.

Les deux autres exemples de la même année ne ſignifient rien. Il y eſt queſtion de deux Jugemens rendus dans la chambre du Conſeil, & nullement prononcés ſur le Tribunal public. Prétendroit-on tirer parti des abus qui peuvent s'introduire dans l'intérieur des Conſeils, pour leur donner force de loix?

Tous ces exemples ne prouvent donc que quelques abus manifeſtes, qui ſont autant d'infractions à la loi. Si l'on s'eſt
tû

TROISIEME LETTRE.

tû alors, n'y a-t-on pas été obligé par les circonstances?

Que l'Anonyme ne se prévaille pas du silence de 5 ans au sujet de l'exemple tiré de l'année 1758. Dès lors quantité de Citoyens murmurèrent sur l'illégalité du Tribunal. Mais on ne se porte à des Représentations que lorsque les griefs sont multipliés. Si ceux qui sont grévés souffrent, ou par ignorance, ou par foiblesse, que leur bon droit leur soit ôté, cela privera-t-il toute la Communauté de ses prérogatives (*n*) ?

Nouvelle objection de l'Anonyme (78). *Lorsque les Citoyens & Bourgeois remirent aux Médiateurs* 31 *articles de propositions sur la forme des Jugemens criminels;*

_____

(*n*) Voici quatre vers d'un vertueux Citoyen qui répondent énergiquement à l'objection tirée des prétendus usages contraires aux Loix :

,, Dans les Elections qui se font chaque année,
,, De nos Sages Edits la force est confirmée :
,, Du Peuple & des Sindics le Serment mutuel
,, Est, contre les abus, un protest annuel.

entra-t-il dans l'esprit de personne de demander que ces *Tribunaux fussent présidés par un Sindic*? & trouve-t-on dans l'Edit de 1738 quelque disposition qui s'y raporte? Il est à observer, qu'on avoit traduit la Bourgeoisie par devant l'Illustre Médiation en l'accusant de vouloir bouleverser l'ancienne forme du Gouvernement. C'étoient, disoit-on (*o*), des *Novateurs*. L'accusation intentée sous ce point de vûe, bien que sans fondement, méritoit toute l'attention des C. & B. ; & quels que fussent leurs griefs, ils leur importoit de ne faire aucune demande sur laquelle on pût leur dire qu'ils attaquoient *les anciennes coutumes*. La Loi, *Que les Sindics & Conseil soient Juges de toutes causes criminelles comme d'ancienneté*, avoit été violée. Devoient-ils former quelque demande additionelle à cette loi? Non; elle étoit claire, simple, & précise. Mais il falloit demander qu'elle ne fut pas vaine; qu'on l'observât; & c'est ce

(*o*) Voyez le Mémoire du M. C.

ce qui fut le sujet de leur dixième demande. Ils y répétèrent l'Edit mot-à-mot; & les Seigneurs Médiateurs, pour leur en assûrer l'exécution, le répétèrent eux-mêmes dans l'article 29 de leur Réglement. Après cela, l'Anonyme peut-il dire que ce Réglement ne contient aucune disposition qui s'y raporte? Celle-là ne décide-t-elle pas la question en faveur des Citoyens & Bourgeois? Avoient-ils jamais prétendu enlever au Petit Conseil la Justice criminelle? Y avoit-il eu même aucune contestation à ce sujet? Sur quoi porte donc la corroboration de cette loi fondamentale, *les Sindics & Conseil seront Juges comme d'ancienneté*? Anciennement, y avoit-il eu un seul Tribunal criminel érigé sans Sindic?

Cette loi a donc été reconnue bonne & sage, & on n'y a pas prévû les dangers que l'Anonyme y voit. *La plus forte barrière contre l'abus de l'autorité,* dit-il (79), *c'est le partage de l'autorité.* Cela est vrai; mais cette autorité sera-t-elle moins partagée quand elle sera entre les mains

mains d'un Tribunal qui a pour Chef un Sindic, que lorsqu'un Conseiller y présidera? Ne sera-t-il pas plus aisé *d'éblouir, d'intimider, de corrompre* un Conseiller inconnu au Peuple, pris au hazard du rôle, qu'un Magistrat qui doit rendre compte de son administration, & qui pourra être écarté à l'avenir du Sindicat, s'il s'est lui-même écarté de son devoir?

La loi a défendu aux Sindics d'élargir les criminels, parce que cela ne peut se faire sans une espèce de Jugement, qui les absolve, & les Sindics ne doivent pas être seuls Juges. *Que les Sindics & Conseil soient Juges*, dit la loi. Mais il seroit absurde d'en conclure qu'on puisse juger en leur absence.

Tant qu'on n'aura pas invalidé cette loi fondamentale, *Que les Sindics & Conseil soient Juges comme d'ancienneté de toutes causes criminelles*, on ne parviendra point à renverser le sistême des Citoyens & Bourgeois.

Si l'A-

Si l'Anonyme veut l'entreprendre, qu'il prouve 1°. que d'ancienneté les Sindics nommément, n'étoient pas juges avec le Conseil dans les causes criminelles. Qu'il démontre 2°. que ces mots, *Sindics & Conseil*, sont sinonymes à Conseil sans Sindic, & il a gagné sa cause. Mais nous le défions de faire ses preuves.

Le sistême des Citoyens & Bourgeois n'est donc pas si absurde & si impraticable que l'Anonyme le prétend. S'il n'étoit pas convaincu, j'ose le renvoyer au Magnifique Conseil même pour le convertir. Ce Conseil connoit les *Sindics ad actum* ; il est dans l'usage d'en créer quelquefois. Lorsque Messieurs les Châtelains ont fait des procédures criminelles, du moins dans les cas majeurs, ils les renvoyent au Magnifique Conseil pour les approuver ou les rejetter. Si le Magnifique Conseil les approuve, il nomme un Ancien Sindic pour aller faire exécuter la sentence, & ce Magistrat n'y va pas comme Ancien Sindic, puisqu'un de Messieurs les Sindics régnant lui remet son bâ-

bâton Sindical, avec lequel il va représenter la Seigneurie.

Eſt-ce là, Monſieur, un Sindic *ad actum*, ou n'en eſt-ce pas un ? Je ſai qu'il eſt créé par le Conſeil des 25, & non par celui qui ſeul a droit de remettre les bâtons Sindicaux, marques de l'autorité des premiers Magiſtrats de la République. Mais il n'eſt pas queſtion du droit, il ne s'agit que du fait; & ce fait ne peut être nié. Je le demande donc de nouveau; Un Sindic *ad actum* eſt-il un monſtre ? Eſt-il un Etre auſſi Fantaſtique que l'Anonyme voudroit nous le perſuader ?

D'ailleurs, les Citoyens & Bourgeois l'ont dit & le diſent encore, ils n'inſiſtent point ſur l'idée de l'Election d'un Sindic *ad actum* ſe repoſant ſur la ſageſſe des Sindics Petit & Grand Conſeil pour trouver un moyen convenable de prévenir l'abſence des quatre Sindics ou d'y ſupléer; & ils ont même été ſurpris & ſcandaliſés en aprenant l'étrange abus de remettre le bâton Sindical à un Ancien

TROISIEME LETTRE.

Sindic pour faire exécuter les Jugemens criminels dans les terres de la République. Là comme dans la Ville, la loi doit être observée. Pourquoi un de Messieurs les Sindics ne s'y transporteroit-il pas ? Celui qui remet son bâton Sindical, fait-il attention qu'en se défaisissant de la marque de son autorité, il aliène un dépôt qu'il doit regarder comme sacré, & se destitue de son autorité même ? Si pendant l'absence de cet Ancien Sindic, *il arrivoit quelque esclandre public, comme feu, tumulte, ou autre cas semblable* (p), ce Sindic pourroit-il s'y présenter comme il seroit de son devoir ? *Donne-moi ton bâton*, disoit l'Ancien Sindic Perrin au Sindic Aubert, en 1555 ; *ne m'appartient-il pas autant qu'à toi ? Suis-je pas Capitaine Général ? Je suis Sindic*, lui répartit Aubert, *le bâton m'ap-*

―――――――――――――――――――

(p) *De l'Office, Charge, & Puissance des Sindics.* L'Edit de 1543 suppose bien qu'un de ces bâtons peut passer entre les mains d'un autre membre du Conseil ; mais il lui défend de *prononcer*, & ce n'est que dans le cas de l'absence d'un Sindic.

*m'appartient, je ne m'en deffaifirai point:
Je le tiens de Dieu & du Peuple, auquel je le remettrai, & non pas à toi*
(*q*).

J'ai l'honneur d'être &c.

(*q*) Hift. de Gen. Ed. in 4°. page 300 à la note.

RÉPONSE

AUX
DEUX DERNIERES LETTRES.

JE crois, Monsieur, avoir démontré le fondement des plaintes portées par les Citoyens & Bourgeois, sur ce que des loix claires & précises ont été violées; & cela devroit suffire, ce me semble, pour établir sans replique que le Magnifique Conseil ne pouvoit refuser les conclusions prises dans les Représentations.

C'est cependant ce qu'il a fait. Pour couvrir ce refus, il a déclaré les Représentations mal fondées; & comme si les loix n'étoient que des mots vuides de sens, ou plutôt comme s'il étoit Législateur, & par conséquent leur Interprête, il leur attribué un sens si différent de celui qui résulte de leurs termes, que tandis qu'elles disent blanc,

il

leur fait prononcer noir. Frapés d'étonnement, les Citoyens & Bourgeois ont repréſenté que le Conſeil Général étant le ſeul Souverain, le ſeul Légiſlateur, le ſeul Interprête des loix, il devoit juger ſeul du nouveau ſens que le Magnifique Conſeil veut donner aux Loix, de la nouvelle valeur qu'il aſſigne aux termes de l'Edit.

Le Magnifiqne Conſeil convenant du principe des Citoyens & Bourgeois, c'eſt-à-dire, reconnoiſſant que le Conſeil Général ſeul a le droit d'interprêter les loix, nie de les interprêter lui-même, dit qu'il les entend dans leur vrai ſens, & que ce ſont les Citoyens & Bourgeois qui élevent des doutes contre ce ſens-là. Cette réponſe, comme vous le voyez, Monſieur, n'eſt qu'un faux-fuyant, un jeu de mots; mais qu'elle ſoit bien ou mal fondée, qui décidera de la conteſtation? N'eſt-elle pas toûjours de la compétence du Légiſlateur? N'eſt-ce pas à lui à prononcer entre les deux parties, & à déclarer laquelle aſſigne le vrai ſens à ſon Edit.

Le

Le Magnifique Conseil prétend que non, sous prétexte que les articles 5 & 6 du Réglement de l'Illustre Médiation statuent, *qu'il ne pourra rien être traité au Conseil des 200, qu'auparavant il n'ait été traité & approuvé au Conseil des 25 ; & qu'il ne sera rien porté dans le Conseil Général, qui n'ait été auparavant traité & approuvé dans le Conseil des 200.* Or dès que le Magnifique Conseil ne veut point traiter & approuver cette question, il ne doit point, nous dit-on, la porter aux Conseils supérieurs. Tel est le droit que s'attribue le Petit Conseil.

Pour l'exprimer, il a imaginé un terme aussi singulier que la chose qu'il doit signifier : il l'appelle *le Droit négatif.* On pourroit, sans s'éloigner de la vérité, dire que c'est l'exercice d'une puissance que l'on n'a pas. Ainsi l'invention du terme mériteroit quelque applaudissement. Mais dans le sens où le Magnifique Conseil l'employe contre nous, il ne signifie absolument rien que la puissance de ne pas exécuter la loi ; de retenir par devers lui toutes les affaires qu'il lui plaira, & de ne pas les porter aux Conseils Supérieurs, sans en excepter même l'Election des Sindics ; car par sa manière de raisonner, le Petit Conseil n'aura qu'à refuser *de traiter & approuver* cette Election, & nous répondre froidement que rien ne doit être porté au Conseil Géneral qui n'ait été *auparavant traité & approuvé* dans les Conseils inférieurs. Nous n'avons pas plus de droit pour l'y contraindre, que nous n'en avons pour l'obliger à *traiter & aprouver* les questions qui nous divise aujourd'hui. Voilà l'exacte définition du droit négatif.

Vous vous récrierez, Monsieur, à l'idée de ce prétendu droit destructif de toute liberté, & on ne manquera pas de dire que le Conseil ne prétend point l'étendre aussi loin. Je crois en effet que ce n'est pas son intention actuelle. Mais si vous admettez le principe, vous ne pouvez en refuser les conséquences. Vous vous liez les bras, en même tems que vous livrez une épée à votre adversaire,

sous

fous la promesse qu'il fait de ne point la tourner contre vous. Mais souscrivez à toutes ses volontés, ou tremblez pour vos jours. Les faits parlent, & l'expérience est un guide plus sûr que les belles spéculations de l'Anonyme. Le Conseil des 200 n'avoit pas dessein d'abuser de l'Edit de 1570, lorsqu'il le porta au Conseil Général. Cependant quel abus n'en avoit-il pas fait dans l'espace de 160 ans ? Cet Edit n'avoit-il pas servi de prétexte pour dépouiller le Conseil Général du droit des impôts ?

L'Anonyme connoissant toute l'importance de ce prétendu droit négatif, a employé tout l'art imaginable pour le déguiser, en le représentant (147) comme une simple *force d'inertie*, ou *le simple pouvoir de s'opposer aux innovations* (110).

Considéré sous ce point de vûe, il est très analogue au serment que Messieurs les Sindics prêtent en Conseil Général, *de défendre de tout leur pouvoir la Liberté, les Edits & les Droits de la Ville*, & je l'appellerois volontiers *le droit dé-*

fenfif (147). Il eſt entre leurs mains une barrière pour maintenir la ſtabilité de notre heureuſe Conſtitution; & comme elle nous aſſûre tous les droits auxquels nous pouvons raiſonnablement aſpirer pour notre repos & pour notre bonheur, les Citoyens & Bourgeois ſont ravis de la voir ainſi à l'abri des innovations. Ils ont eu une preuve de l'utilité de ce droit, lorſqu'au premier Lundi du mois d'Aouſt 1763, Meſſieurs les Sindics firent tomber dans le Conſeil des 200 une propoſition, qui tendoit à donner atteinte à la liberté qu'ont les Citoyens de ſe communiquer les Repréſentations qu'ils font dans l'intention de faire. Ils rendent graces à Meſſieurs les Sindics qui préſidoient alors de la fermeté avec laquelle ils réſiſtèrent à une innovation auſſi funeſte.

Ce droit défenſif n'apartient pas au Petit Conſeil excluſivement. Tout Citoyen eſt gardien né de la loi. Non-ſeulement il peut, mais il doit s'oppoſer à toute entrepriſe qui lui eſt contraire. Il ne jure pas ſeulement *d'obſerver* les Edits; mais encore de les *garder*, de *ne ſouffrir* aucune *entreprise* qui leur soit contraire ; & c'est pour cela qu'il a le droit de faire des *Représentations, Plaintes, Réquisitions*, & *Remontrances*. Voilà donc une commission du Souverain adressée aux Citoyens & Bourgeois, comme elle l'est aux Sindics, & à tous les Membres des Conseils en leur qualité de Citoyens. Chacun doit veiller au maintien de la Constitution. Mais si l'un trouve que l'autre y porte atteinte, sera-ce celui duquel on se plaint qui jugera du fondement de la plainte? Le Petit Conseil agit rarement par ignorance. S'il donne lieu à des griefs fondés, c'est qu'il le veut bien. Par quelle raison se déterminera-t-il donc à renverser son ouvrage, s'il a le pouvoir de rejetter les Représentations qui auront pour but d'obtenir le redressement de ces griefs? Le plan d'une entreprise étant formé, ne le poursuivra-t-il pas sans se soucier de plaintes qu'il aura la faculté de mépriser? D'ailleurs ignorons-nous sa maxime favorite qu'il faut soutenir ce qu'il appelle *l'honneur du Gouvernement*? *que la chose jugée* (5),

est

eſt & doit être regardée comme la verité même ? Ainſi ce ſera en vain que les Citoyens éléveront leur voix contre *les innovations* du Conſeil. Mais ce refus du Conſeil qui forme un nouveau grief, les contraindra-t-il d'abandonner la cauſe de la Liberté ? Que pourront-ils faire dans cette eſpèce de conflit. Sans doute que fidèles à leur devoir, fermes dans leur pourſuites ; ils ne conſentiront jamais à abandonner la déciſion de la cauſe au Petit Conſeil, qui eſt partie intéreſſée, & qui ne peut prononcer en ſa faveur, ſans s'arroger les droits du Souverain. Dè là n'eſt-il pas inconteſtable que le Conſeil Général eſt le ſeul Juge compétent ?

En vain donc le Petit Conſeil oppoſeroit-il les articles 5 & 6 du Réglement de la Médiation. La Législation & la fixation du ſens des loix appartiennent au Conſeil Général auſſi inconteſtablement que l'Election des Sindics. Les Conſeils inférieurs doivent *traiter & approuver* les queſtions rélatives à l'interprétation des Loix, tout comme ils doivent *traiter & approuver* cette Election ; l'une de ces

ces matières n'est pas plus du ressort du Conseil Général que l'autre. Pour juger de l'effet que doit produire sur nous le refus du Petit Conseil de *traiter & approuver* les matières qui font l'objet de la contestation entre lui & les Citoyens & Bourgeois; il faut se demander ce que nous ferions, si le premier Dimanche de l'année le Conseil Général n'étoit pas assemblé pour l'élection des Sindics; & si sur la Représentation qui seroit faite à ce sujet, le Conseil répondoit *qu'il n'y a pas lieu* d'en accorder les conclusions; que c'est mal-à-propos que les Citoyens & Bourgeois élèvent des doutes sur le sens de l'Edit; qu'il est clair que la Loi n'ordonne point que les Sindics seront élus par le Conseil Général, & que quand le Conseil estime que la *Loi est claire, il n'est pas obligé, & il ne doit pas l'être, de proposer aucune interprétation, ni changement, soit à sa disposition, soit aux termes dans lesquels elle est conçue* (o). Or s'il est clair que l'Edit attribue l'Election des Sindics au Conseil Général, il n'est

____
(o) Réponse du M. C. pag. 214.

n'est pas moins évident qu'il ordonne à chaque Citoyen de s'opposer à la violation des *Libertés & Franchises*, qu'il interdit les emprisonnemens *sans aucune adstriction ni condition*, & qu'il ordonne que *les Sindics & Conseil* feront *Juges comme d'ancienneté de toutes causes criminelles*. Par conséquent, si l'on admet que les Conseils inférieurs peuvent refuser de traiter & approuver les questions que le Petit Conseil a lui-même élevées sur ces points fondamentaux, il faudra aussi convenir qu'ils pourront refuser de traiter & approuver l'Election des Sindics.

Loin donc que le prétendu droit négatif soit dans les mains du Petit Conseil *le pouvoir de s'opposer aux innovations, de laisser les choses dans l'Etat où elles sont* (145), c'est la puissance de ne pas redresser *les innovations* auxquelles les Citoyens & Bourgeois sont cependant obligés de s'opposer ; c'est le pouvoir d'envahir toute l'autorité, de sapper la Constitution par ses fondemens.

L'expérience vient encore nous éclairer

rer à ce sujet. Avant la Médiation le Conseil des 25, joint à celui des 200, ne parloit pas de ce droit négatif ; mais dans le fait il l'éxerçoit. Il se fondoit sur l'Edit de 1570 pour se maintenir dans son usurpation du droit des impôts, comme il se sert aujourd'hui de l'Edit de 1713 pour ériger des Tribunaux sans Sindics. Lorsque les Citoyens & Bourgeois demandoient que le Conseil Général fut consulté sur l'Edit de 1570, ils étoient traités de *Novateurs* (*) on le leur refusoit sous prétexte que c'étoit une *innovation*, comme on refuse aujourd'hui sous le même prétexte de consulter le Conseil Général sur l'article des Récusations de l'Edit de 1713.

Si le droit négatif n'est pas le droit de se maintenir dans des *nouveautés*, pourquoi le Magnifique Conseil s'en sert-il pour ne pas se conformer à l'Edit qui ordonne *que les Sindics & Conseil soient Juges comme d'ancienneté*? Pourquoi s'en sert-il pour anéantir nos anciennes Libertés & Franchises, afin d'introduire le droit horrible d'emprisonner *sans aucune adstriction*

(*) Mémoire à la Médiation.

ſtriction ni condition? Pourquoi veut-il en faire uſage pour ſouſtraire au Conſeil Général même ſon propre ouvrage, l'Edit de 1568 ? Parce que ce Souverain Conſeil en ordonna l'impreſſion en 1707, le Petit Conſeil répondit aux Citoyens qui en demandèrent la compulſion en Novembre 1763, *qu'on n'a reconnu ni dû reconnoître depuis lors d'autre texte authentique de l'Edit de 1568 que l'Edit imprimé*. N'eſt-ce pas faire dire au Conſeil Général ce qu'il n'a jamais dit ? En ordonnant l'impreſſion de cet Edit, a-t-il ordonné d'anéantir l'original Lors même que cet Imprimé auroit été avoué par le Conſeil Général, ſon approbation n'auroit pu conſacrer les erreurs & les omiſſions qu'on lui auroit cachées. Mais il n'a jamais été porté au Conſeil Général; & l'on veut que ce Souverain Conſeil l'ait ſubſtitué à l'original ! Que diroit un Prince, ſi demandant à ſon Parlement de lui repréſenter tel ou tel de ſes Edits, il recevoit pour réponſe, qu'il a été par ſes ordres imprimé publié & affiché, & que depuis lors le Prince

n'a

n'a reconnu ni dû reconnoître d'Edit authentique que l'Edit imprimé? Et que devons-nous penser des egards du Petit Conseil pour le Conseil Souverain, en voyant que depuis la Représentation, il a affecté de faire lire en Conseil Général l'Edit pour les élections, non dans le manuscrit original ; mais dans cet imprimé que les Citoyens & Bourgeois lui ont manifesté leur être suspect par tant d'endroits ? Ce *droit négatif*, cette *force d'inertie* sera le droit de faire dire au Conseil Général, qu'en ordonnant l'impression de ses Edits, il a donné force de loi à toutes les erreurs ou omissions volontaires ou involontaires qui ont pu se glisser dans l'imprimé ! Si cet imprimé (*) est exactement

(*) Que penser en effet de cet imprimé, lorsqu'il résulte de l'aveu même du M. C. & de bien d'autres considérations qu'il doit nécessairement s'y être glissé des erreurs & des omissions. Il porte que l'élection du Trésorier Général doit se faire en même temps que celle des Sindics ; & le manuscrit qu'on lit en Conseil Général, porte que ce soit le jour de l'Election du Lieutenant. Le Conseil, pour rendre raison de cette différence, dit dans sa réponse, que le changement du jour de cette Election a été rapporté & aprouvé en Conseil Général le 3 Novembre 1577. Mais pourquoi le recueil des Edits imprimés en 1707, n'en fait-il nulle men-

ment conforme à l'original, pourquoi vouloir suprimer cet original? pourquoi en refuser la compulsion? Est-ce pour donner un:

mention? Qu'on nous produise cette approbation du Conseil Général de 1577; sinon que le M. C. nous permette de raisonner comme lui, & de dire: le Conseil Général a ordonné l'impression des Edits en 1707; *depuis qu'ils ont été imprimés & distribués par ordre des Conseils, on n'a reconnu ni dû reconnoître que les Edits imprimés*; ces Edits imprimés ordonnent que l'Election du Trésorier se fasse avec celle des Syndics; donc l'élection doit & ne peut se faire que le jour de l'élection des Sindics. Et si après ce raisonnement on entre dans la discussion des raisons d'Etat, l'argument recevra bien de nouvelles forces.

Le fait même du Conseil Général ne prouve rien. Le Régistre nous apprend que dès l'an 1568 le Petit Conseil arrêta par une délibération expresse *qu'il n'étoit pas expédient d'imprimer les Edits*: ce n'étoit pas pour éclairer les Citoyens sur la Constitution. Aussi que d'entreprises & d'innovations, dès ce temps là jusqu'à l'heureuse époque de la Médiation, ont été favorisées par cette ignorance dans laquelle les Conseils tenoient la Bourgeoisie? Comment se seroit-elle opposée à la confirmation du Trésorier Général dans le temps qu'on lui cachoit soigneusement l'Edit qui ne la permet point? Et si elle n'a pas réclamé contre cette confirmation depuis l'impression des Edits, on sait qu'elle a gémi sous le joug jusques en 1734. Il est encor vrai que depuis lors jusqu'en 1763, cette infraction de l'Edit avoit échapé aux C. & B. Mais est-ce une raison pour la continuer? Ce sont les Conseils inférieurs qui les ont induits en erreur à ce sujet; & cette erreur a-t-elle donc anéanti la loi?

Plus

une preuve de ces égards du Conseil pour les Représentations bien fondées, dont il se pare dans sa dernière Réponse (†) ? de ce *Gouvernement doux & équitable* (104) dont l'Anonyme nous fait mention ? Est-ce pour nous inspirer cette *confiance raisonnable* qu'il nous prêche (174) ?

Le changement du jour de la nomination pour les Elections *fut déclaré*, nous dit encore le M. C. dans sa Réponse, en Conseil Général le 20 Novembre 1707 *en la même manière que le précédent changement en* 1688 ; *& telles étant les formes ; formes anciennes observées sans interruption, existantes au tems du Réglement*

Plus on examine le recueil d'Edits imprimé, plus on en trouve l'édition défectueuse. Voyez l'office du Géolier & garde des Prisons. *La forme du serment qu'il prêtera, y est-il dit, est écrite en l'article contenant l'office & charge d'icelui.* Mais cet article a été supprimé.

L'Ordonnance Ecclésiastique renvoye au livre des Ecoles. Mais on a laissé ce livre en arrière.

Les Citoyens & Bourgeois se plaignirent à l'Ill. Médiation de la suppression de tant d'Edits & réglements & les Plénipotentiaires pensèrent d'y avoir pourvû par l'article 42. qui ordonne *qu'il sera fait le plutôt que faire se pourra un Code Général imprimé qui renfermera tous les Edits & Réglemens.* Mais nous l'attendons en vain depuis 1738.

(†) Voyez Représentations, Page 150.

ment de l'illuſtre Médiation, & conſacrées par le dit Réglement il n'y a pas lieu d'y faire aucun changement. Le droit négatif eſt, il faut en convenir, *le droit de laiſſer les choſes dans l'état où elles ſont*: mais ne vous imaginez pas que ce ſoit pour maintenir les Loix: Non, Monſieur, c'eſt pour maintenir les infractions aux Loix. Je le prouve par l'article même de cette nomination. Le changement du jour étoit néceſſaire; mais s'enſuit-il qu'il apartint aux Conſeils inférieurs de le faire, ſans le conſentement du Conſeil Général? C'étoit un changement à la Loi. Or l'Edit de 1707 avoit ſtatué *qu'aucune Loi ou changement à l'Edit n'ayent effet à l'avenir qu'il n'ait été aprouvé en Conſeil Général*. Ce changement a été déclaré en Conſeil Général de la même manière qu'en 1688; mais eſt-ce là une approbation de ce Souverain Conſeil? La lui a-t-on même demandée? A-t-on préſenté ce changement aux ſuffrages du Peuple? Ces ſuffrages ont ils été recueillis par quatre Secrétaires *ad actum*, ſuivant l'ordre preſcrit par l'Edit même de 1707,

1707 ? Lorſque l'Edit ordonna cette forme, étoit-ce pour qu'on s'en tint à celle de 1688 ? Pouvoit-on manquer plus manifeſtement à cet Edit paſſé le 26ᵉ May 1707, que de le violer le 20ᵉ Novembre ſuivant ? Pourquoi ne pas reclamer alors me direz-vous ? Eh ! Monſieur, la liberté avoit été anéantie ; le ſang des Fatio & des Lemaître fumoit encore ; les femmes & les enfans, de Lemaître exécuté & de tant de proſcrits verſoient des torrents de larmes ; l'impreſſion des violences exercées quelques mois auparavant étoit ſi vive, qu'encore en 1712 on n'oſoit pas ſe communiquer ſes idées.

Ces *formes ont été conſacrées par le Réglement de la Médiation !* Voyez, Monſieur, la force l'efficace du Droit négatif : Il n'eſt aucune prétention, aucune uſurpation qu'il ne fit trouver dans l'Edit. Le Réglement de l'Illuſtre Médiation a conſacré *les Us & Coutumes approuvés par les Loix* : Donc il a conſacré la violation de l'Edit de 1707.

Après cela ſuivrons-nous l'Anonyme
dans

dans les sentiers tortueux par lesquels il cherche à nous conduire, pour exténuer les conséquences fatales du prétendu droit négatif, détourner nos yeux du véritable état de la question, & nous persuader que notre sistême n'est propre qu'à jetter la République dans une perpétuelle confusion (85)? La tâche est fatiguante; mais il s'agit de défendre les Droits de la vérité & de la liberté. Entrons dans ce Dédale, & marchons avec précaution; car les piéges y sont tendus de toutes parts.

(84) *Il est convenable qu'il y ait un corps auquel on puisse addresser des propositions pour le bien public ou des plaintes sur les négligences &c. Le corps de l'Etat que la Constitution aura chargé de l'examen devra les peser scrupuleusement, redresser les griefs fondés &c.* En conséquence de ce raisonnement vous vous flaterez d'obtenir le redressement d'un grief fondé. Ce n'est pas cela. *Quand une affaire particulière a été jugée*, vous répondra l'Anonyme (5), *on ne peut sous aucun prétexte faire des Représentations pour*

pour en obtenir la réparation le redressement. Elle peut être mal jugée, parce que ce sont des hommes qui la jugent mais la chose jugée est & doit être regardée comme la vérité même. Donc point de griefs fondés, par conséquent point de redressement.

(85) *De l'obligation d'examiner les Représentations découle le droit de faire le triage de ces propositions &c. : & de rejetter celles qui paroîtroient mal fondées.*

Voilà de l'équivoque. Le Petit Conseil peut & doit faire le triage des propositions qui lui feront faites & qui auront pour but des changemens ou des nouveautés, mais il est bien rare que les Représentations ayent ces propositions pour objet. Le plus souvent elles contiennent des plaintes contre les infractions des Loix. Le Magnifique Conseil pourra-t-il faire le triage des plaintes, admettre les unes & rejetter les autres, faire taire ou parler les Loix à son gré & dans sa propre cause, pour mettre à néant les plaintes les mieux fondées, sous
pré-

prétexte que c'eſt à lui (86) *qu'aparˉ tient le droit d'examiner, & par conſéquent d'aprouver ou de rejetter les propoſitions qui lui ſont faites ?* N'eſt-ce pas par un pareil ſophiſme qu'il ſe crut autoriſé à refuſer aux Sieurs Bardin & à d'autres Libraires le payement des livres qu'il leur avoit fait enlever ?

(86) *On prétend que lorſqu'il s'élève des doutes dans l'Eſprit des Citoyens ſur le ſens d'une Loi, ou lorſqu'ils croyent y voir clairement un ſens différent de celui qu'y voit le Conſeil, ce n'eſt plus le cas où il peut faire uſage de ſon droit négatif, & que c'eſt au Conſeil Général à décider cette conteſtation.*

Il eſt vrai que nous voyons *clairement dans nos loix un ſens différent de celui qu'y voit le Conſeil*. Nous y voyons qu'il n'a pas le droit de prendre le bien des particuliers ſans forme de procès, comme il avoit pris les livres des Sieurs Bardin. Le Conſeil y voit (*) que *l'objet d'un intérêt particulier ne doit être traité & pourſuivi qu'à l'inſtance de la par-*

(*) Repreſ. page 101.

partie intéressée, selon les règles & formes prescrites, & par devant les Tribunaux auxquels la connoissance, l'examen & la décision en est attribuée par l'Edit: le Conseil n'y voit pas autre chose, & nous y voyons clairement dans le serment des Bourgeois & dans le droit de faire des Représentations, plaintes & remontrances, que toutes les fois que ces Tribunaux manquent envers les particuliers aux *règles & formes prescrites*; la liberté publique est attaquée ; que ce Grief d'un simple particulier devient la cause de la Communauté, dont tous les membres doivent *garder de tout leur pouvoir les droits, libertés & franchises de la Ville* qui alors ont été violées. Nous estimons que l'exécution de Mr. Fatio faite en 1707, contre toutes *les règles & formes prescrites*, étoit un attentat destructif de la liberté publique; & que le Conseil n'a pas le droit de faire violence au sens de l'Edit pour oprimer un particulier comme le fut ce digne Citoyen qu'il n'a pas le droit de négliger toutes *les règles & formes prescrites*, ainsi qu'il l'a fait à l'occasion de Mrs. Bardin,

Rousseau, Binet, Gaudy, Mercier, Pictet, Duvillard, & la Dlle. Gerbel; & nous soutenons qu'à tous ces égards le Conseil doit lire l'Edit dans les termes même qu'il contient, l'éxecuter à la lettre, & que s'il prétend agir d'une manière opposée, en l'interprêtant à sa manière il doit porter son interpretation au Conseil Général, & nous n'avons jamais dit autre chose.

(87) *Il n'est personne qui ne puisse avoir des doutes, qui ne puisse en affecter, & qui ne puisse les colorer &c.* L'Anonyme trouvera la réponse à cet argument dans les Représentations (*). Les doutes qui se sont élevés sur les questions présentes partent du Petit Conseil; & c'est au Public impartial à décider de quel part on hazarde d'ébranler la Constitution par des doutes sur les Loix ou plutôt par des interprétations arbitraires.

(88) *Un homme en crédit aura été condanné en vertu d'une Loi, il en contestera le sens ou l'application; cela n'est pas difficile. Ses Amis se répandent dans le Public avec*

(*) Page 124.

avec un *Commentaire sur la Loi contestée &c. & la Loi la plus claire sera en danger d'être sacrifiée.* (92) *Si la flétrissure d'un livre fait naître tant de doutes, & sur des objets si importans, que nous arriveroit-il donc, si un homme puissant & accrédité, condamné à des peines graves par une Loi, avoit intérêt de la rendre douteuse?*

Un homme condamné à des peines graves par une Loi ! Cela se peut-il, s'il est vrai, comme le dit ailleurs l'Anonyme (161) que *les peines sont assez arbitraires?* L'arbitraire détruit toute idée même de Loi. L'*interprétation arbitraire*, le *droit négatif* ne la détruisent pas moins. Ne soyons donc pas surpris de cette contradiction dans les termes de l'Auteur : l'accord est dans son sistême.

Un homme puissant & accrédité ! Nous n'en connoissons point de tels dans la République ; nous n'y voyons que nos égaux. Il est vrai qu'au moyen du *droit négatif* on parviendroit à faire un Conseil de Despotes puissans & accrédités ; mais nos Loix le proscrivent.

p 2   Cet

Cet homme se répandra dans le Public avec un commentaire sur la Loi contestée ! Voilà l'Anonyme. Lisez ses lettres ; vous y trouverez un commentaire perpétuel. Les Citoyens & Bourgeois s'en tiennent à la lettre de la Loi : ils y trouvent que *celui qui dogmatise contre la doctrine reçue, que ce soit de vive voix ou par écrit, doit être appellé en Consistoire*; que Messieurs les Sindics doivent *mander, examiner & interroger* pour *faire emprisonner, si mestier est*; que *les Sindics & Conseil* doivent être *Juges de toutes causes criminelles comme d'ancienneté*. Ce sont les propres termes des Loix, & non des commentaires. Nous disons que ces Loix sont claires & précises, & que *lorsque les termes d'une Loi en expriment nettement le sens & l'intention, il faut s'y tenir*. Il n'est donc pas à craindre que nous nous amusions à faire les commentateurs, l'argument se retorque de lui-même contre l'Anonyme.

(92) *Mais si effectivement il y a du doute sur une Loi, n'est-ce pas au Conseil Général à l'expliquer ? cela est incontestable. Mais qui sera le Juge de cette obscurité ?*

rité? Il faut établir pour maxime que ce doit être le Conseil.

Je dis au contraire qu'il faut établir pour maxime, que ce ne doit pas être le Petit Conseil, parce qu'il ne trouveroit jamais aucun doute dans les Loix dont il voudroit faire usage pour établir ou soutenir ses entreprises. Témoin encore l'Edit de 1570. Les Conseils inférieurs y voyoient clairement la cession du droit des impots en faveur du 200; les Citoyens n'y voyoient rien de pareil; & l'Illustre Médiation en jugea comme eux. Il ne falut pas moins que la Puissance de nos généreux Alliés pour vaincre l'obstination des Conseils inférieurs. Après cette expérience décisive, irons-nous mettre nos droits à la discretion de l'un de ces Conseils, qui mirent la patrie dans le plus grand des périls, par leur infléxibilité? Faudra-t-il en adoptant la maxime posée par l'Anonyme, se mettre dans la nécessité indispensable d'appeller la garantie toutes les fois que le Petit Conseil s'obstinera à donner un sens contraire au sens littéral, ou de voir périr la constitution sous le *droit négatif*? Et n'y auroit-il pas plus de Patriotisme à convenir de bonne foi, que dans tous les cas de doute c'est au Conseil Général à parler; parce qu'étant le Législateur, supérieur à tous les Corps, & les réunissant tous en lui-même, il est le seul qui soit censé pouvoir prononcer avec impartialité.

(93) *Il peut arriver, je l'avoue, que les Conseils ne trouvent point de doute où il y en auroit réellement, parce qu'ils peuvent se tromper. Il peut encore arriver qu'ils se refusent à l'explication d'une Loi dont l'ambiguité leur laisseroit plus de liberté dans son application, l'obscurité de cette Loi en rendra l'application plus arbitraire; les jugemens seront moins uniformes. Il y aura plus de jeu aux passions, plus d'acception des personnes; & c'est sans doute un mal. Mais ce mal est tolérable; il ne peut affecter que très-peu de particuliers, & très rarement. Ce sera une imperfection dans le Gouvernement; mais la constitution & les autres Loix resteront.*

Prenez acte de cet aveu. Il nous restera *les autres Loix,* celles que le Petit Conseil

seil voudra bien nous laisser ; les Loix seront appliquées d'une manière arbitraire; les jugemens ne seront pas uniformes. On brulera les Livres de Monsieur Rousseau Citoyen, qui établissent au moins la divinité de la morale de l'Evangile, & on laissera imprimer les livres d'un étranger qui détruisent la Révélation ; tout cela se combine très bien avec les emprisonnemens *sans aucune adstriction ni condition*, & avec *les peines assez arbitraires*. Mais est-ce là le système de la liberté? Notre constitution qui repose sur une parfaite égalité entre tous les Citoyens, subsistera avec une application arbitraire des Loix ? avec l'acception des personnes? Ce sera un mal tolérable ! ouï, mais pour des Despotes d'une part, & des esclaves de l'autre. *Ce mal n'affectera que peu de particuliers, & très-rarement* ! Quand cette assertion seroit vraye, pourquoi en courir l'événement ? Mais l'application arbitraire de l'Edit de 1570. n'affectoit-elle que peu de particuliers, & ne s'agravoit-elle pas tous les jours ? D'ailleurs voilà un mal avoué des deux parties ; est-il raisonnable de s'exposer à ce mal certain, & qui a déja mis la République dans le péril le plus éminent en 1667. (*) en 1707 en 1734 & en 1737 ? (94)

(*) On peut se faire une idée du péril auquel notre ville fut exposée à cette époque par les deux lettres de Monsieur Jean Lullin troisiéme Sindic qui se trouvoit en députation à la Cour de France, adressées au Petit Conseil.

Paris le 22 Décembre 1667.

» Je ne saurois me dispenser de témoigner à vos Sei-
» gneuries l'affliction que j'ai eue, à la nouvelle qu'on m'a
» écrite du péril où notre pauvre Etat a été exposé il y a
» 15 jours, d'une ruine & subversion entiere par la me-
» sintelligence des Conseils. J'en ai frémi de frayeur &
» d'horreur. Que deviendra après cela l'honneur & la
» réputation de notre République ? Je crains que le bruit
» ne s'en répande partout ; ceux qui ont des correspon-
» dances à Genève le savent déja. Je ne veux pas entrer
» en discussion de la chose; j'admire la providence de
» Dieu & sa bonté : il a levé la main & l'a portée bien
» près de nos têtes, & n'a pas voulu fraper le coup ; c'est
» à nous à le louer, & à nous humilier devant lui, &
» faire réflexion que nous devons penser à nous, que c'est
» un avertissement que nous pouvons périr plutôt par nous
» mêmes que par les mains des ennemis.

Paris le 3e. Janvier 1668.

Magnifiques & T. H. Seigneurs.

» Avant que vos Seigneuries m'eussent fait l'honneur
» de me communiquer la malheureuse division de leur
» Conseil avec celui des 200, je leur ai témoigné com-
» bien j'en étois affligé, en des termes auxquels je ne sau-
» rois rien ajouter. Ma douleur s'en augmente tous les
» jours ! chose étrange; que nous voyons nos ennemis à nos
» por-

(94) *Je suppose au contraire que sous prétexte de les interpreter, on renverse les Loix les plus salutaires, & que des ambitieux dont elles gèneroient les vues, réussissent à les immoler à leur ambition, la constitution pourroit être détruite, & les Citoyens accablés sous les débris.*

Rien n'est plus chimérique que cette supposition; ou si elle a quelque solidité, elle prouve tout au plus qu'il pourroit y avoir dans les Conseils inférieurs de ces *ambitieux* dont les Loix *gèneroient les vues*, & que ces ambitieux seroient en assez grand nombre pour faire porter au Conseil Général un avis tendant à détrui-

» portes contre nous, d'autres qui nous dépouillent de nos
» biens, la bourse publique épuisée, nos revenus dimi-
» nués, les charges croitre, l'Etat engagé par de nouveaux
» emprunts; & ce semble toutes choses conspirer à notre
» ruine & que nous soyons si malheureux de la vouloir
» avancer & de nous y précipiter par notre mauvaise con-
» duite, & nous détruire de nos propres mains : toute la
» terre crie & gémit sous la rigueur de la domination des
» Princes & des Monarques & nous ne pouvons pas en
» souffrir une si douce qu'est la nôtre, enviée de tout
» le monde. J'admire comme nous osons nous plaindre,
» & recourir à la protection des puissances amies, étant
» en cet état & que nous n'apréhendions pas les reproches
» que l'on nous doit faire, & auxquels je ne doute point
» que je ne fois moi-même en peine de répondre.

truire la conſtitution. Cela ſuppoſe encore que le Conſeil Général, dominé par ces eſprits ambitieux, & détruiſant ſon propre ouvrage; donnera force de Loi à une propoſition dangereuſe. Mais ſi cet eſprit d'ambition eſt à craindre dans les Conſeils inférieurs, c'eſt une raiſon péremptoire pour les obliger à conſulter le Souverain dans tous les cas douteux afin qu'ils ne puiſſent jamais apliquer la Loi au gré de leurs paſſions. Obligés à porter au Conſeil Général leurs interprétations, ils feront forcés d'impoſer ſilence à leurs vûes ambitieuſes, pour n'écouter que les lumiéres de leur raiſon, dans la crainte d'être déſavoués par le Peuple.

Enfin, il n'eſt pas à préſumer que les interprétations du Conſeil Général ſoient dangereuſes, parce que d'un côté quelque ſoit le ſujet de la conteſtation ſur le ſens d'une Loi, les Conſeils inférieurs devant auparavant *traiter & aprouver* les queſtions qui lui feront portées, l'éclaireront par leurs préavis; & de l'autre, parce que, comme l'avoue l'Anonyme

(95) *la nombreuse partie des Citoyens ne se laissera par séduire & la constitution subsistera.*

(95) *Si les hommes se partagent souvent sur le sens des Loix divines, se réuniront-ils sur le sens des Loix humaines ?* L'Anonyme a convenu tout à l'heure que *le Petit Conseil pourra se tromper ;* & cependant à son avis le Petit Conseil sera le Juge infaillible. Depuis deux siècles on dispute sur le sens des saintes Ecritures, & toutes les Communions confessent que, si la Divinité étoit visible, & qu'elle voulut prononcer, les controverses prendroient fin. Ici nous avons le Juge infaillible ; & un Conseil de 25 personnes prétend décider souverainement ! Il reconnoît la difficulté de se réunir sur le sens de ces Loix, & il ne craindra pas de prononcer !

(97) *Mais enfin que deviendroit-on, si le Conseil violant les Loix, en étoit quitte pour déclarer mal fondées les plaintes qu'on lui adresseroit !*

Cette question est très sage, & vous attendez sans doute que l'Anonyme va
la

la résoudre. Vous vous trompez, Monsieur. Il l'a sans doute estimée insoluble, & pour avoir l'air d'y répondre quelque chose; il nous adresse la question suivante.

(97) *Si les Particuliers avoient le droit de faire expliquer les Loix, & qu'ils s'en servissent pour les renverser toutes, que deviendrions-nous?* C'est une répétition de ce qu'il avoit dit plus haut (94), & je lui ai répondu

(97) *Une confiance aveugle dans la modération du Gouvernement seroit un grand défaut dans une Constitution. Le pouvoir qui n'a point de bornes sait rarement se borner lui-même; il doit donc être limité.*

Rien n'est plus vrai; & c'est pour cette raison que nous refusons au Petit Conseil le droit négatif, qui seroit la puissance de renverser toutes les bornes. Suivant l'Anonyme, il a une autorité qui *n'est déterminé nulle part*; donc elle n'a point de limites. Celles dont l'Anonyme nous parle, peuvent-elles subsister avec le pouvoir de faire une *application arbitraire*

des

des Loix, de ne pas rendre *des jugemens uniformes*, d'introduire *l'acception des perfonnes*, d'infliger *des peines affez arbitraires* ? D'ailleurs au moyen du droit négatif, fi l'autorité du Confeil avoit des limites, elles feroient dans fes mains; il les feroit varier à fa volonté, il les poferoit çà & là, fuivant les divers fiftêmes qu'il voudroit adopter ; & ce feroit à lui à décider s'il n'auroit point paffé les bornes ! N'eft-ce pas uniquement pour nous donner le change, que l'Anonyme vient nous dire que *ce pouvoir doit être limité* ?

(98) *C'eft un Corps qui a des maximes, & qui a à répondre de fa conduite.*

Quelles maximes a-t-il ? Celle de foutenir *l'honneur du Gouvernement*. A qui répond-il de fa conduite ? Dans le fiftême de l'Anonyme il eft fupérieur aux Sindics, qui font cependant les Chefs de la République.

(98) *On doit prendre des précautions contre un danger vraifemblable, mais non pas contre un danger fimplement poffible, parce qu'on ne peut appliquer aucun terme aux poffibilités.* Appli-

Appliquez cette maxime au droit des Repréſentations ; elle ſera juſte. Le Conſeil date ſon droit négatif de l'année 1738 ; donc avant cette époque les Citoyens & Bourgeois avoient le droit de faire porter au Conſeil Général tous les doutes qui pouvoient s'élever chez eux ſur le ſens des loix : Qu'on nous cite un ſeul Conſeil Général aſſemblé ſur un doute chimérique, & nous paſſerons condannation.

(99) *Mais dans le fait, le danger que le Conſeil ne vienne à fouler les loix à ſes pieds, eſt-il poſſible ? Je parle d'une poſſibilité morale, & non pas d'une poſſibilité phyſique, qu'il faut toûjours compter pour rien.*

Et de quelle poſſibilité parlerons-nous pour lui répondre ? Faudra-t-il toujours lui retracer le lugubre tableau des horreurs de 1707 ? Contentons nous du placard de 1718. Les lettres Anonymes qu'il condanne, ne faiſoient qu'établir le droit du Conſeil Général ſur les impôts, qui a été reconnu par l'Illuſtre Médiation : Cependant écoutez l'Arrêt.

De

,, *De par* Nos Magnifiques & très honorés
,, Seigneurs Sindics Petit & Grand Conseil.
Le début seul du titre n'annonce-t-il pas
déja le ton de maître ? Je passerai le préambule ; après lequel il s'exprimoit ainsi.

,, Nos dits très honorés Seigneurs étant
,, informés que ces lettres se multiplient
,, & se lisent avec empressement, & que
,, plusieurs Citoyens & Bourgeois s'étant
,, laissés surprendre par les principes
,, captieux qu'elles contiennent, & par
,, l'abus qu'elles font de quelques termes
,, de la résolution Souveraine du mois
,, de Décembre 1712, font paroître *des*
,, *désirs de nouveauté* contraires à la dis-
,, position de l'Edit de l'année 1570.
,, De sorte que nos Seigneurs ne pou-
,, vant laisser plus longtems impunis des
,, écrits si dangereux & leurs Auteurs,
,, ni se dispenser de prévenir les suites
,, facheuses de telles séductions, ont
,, condanné & condannent *unanimément*
,, les dites lettres comme séditieuses &
,, diffamatoires, & ordonnent en consé-
,, quence que les dites lettres & leurs
,, copies seront suprimées. Enjoignant à
,, tous

„ tous ceux qui en ont de les rapporter
„ dans trois jours en Chancellerie *à peine*
„ *contre ceux qui s'en trouveront saisis*,
„ SOIT LEURS HERITIERS *après eux*, s'ils
„ sont Bourgeois, de cassation de Bour-
„ geoisie, & de deux-cent écus d'a-
„ mende, & contre tous autres, outre
„ la dite peine de 200 écus & plus
„ grande, d'être bannis irrémissible-
„ ment. Nos dits Seigneurs ordonnent
„ en outre qu'il sera suivi de jour en jour
„ à l'information contre les Auteurs &
„ leurs complices, pour être punis sui-
„ vant la rigueur des loix, comme des
„ séditieux, perturbateurs du repos pu-
„ blic, & Criminels d'Etat; enjoignans
„ à tous & un chacun qui les connoî-
„ troient, de les venir reveler à Justice,
„ sous la promesse qui leur est faite, de
„ leur garder le secret, de les protéger,
„ de mille écus de récompense, & d'une
„ entière impunité, s'ils se trouvent du
„ nombre des complices.

„ Nos dits très honorés Seigneurs Sin-
„ dics Petit & Grand Conseil, persua-
„ dés d'ailleurs par une longue expé-
„ rience

„ rience de la sagesse de nos Edits, tels
„ qu'ils les tiennent de nos Pères, &
„ désirans suivant leur serment, trans-
„ mettre en entier ce précieux dépôt à
„ leurs successeurs, pour prévenir tout
„ sentiment & toutes démarches con-
„ traires, & *lever tout doute à ce sujet*,
„ ont déclaré & déclarent par les pré-
„ sentes, que *leur résolution unanime est*
„ *de maintenir en son entier* l'heureuse
„ Constitution de notre Gouvernement,
„ défendant de plus fort en conséquence
„ toutes assemblées, machinations, pra-
„ tiques ou cabales au contraire, à peine
„ contre les Citoyens & Bourgeois d'ê-
„ tre cassés de leur Bourgeoisie, & con-
„ tre tous autres d'être bannis, & de plus,
„ d'être tous poursuivis selon les cas com-
„ me perturbateurs du repos public. "

(99) *L'oppression d'un Gouvernement est à craindre à proportion de l'avantage qu'il peut trouver à opprimer : mais de quelque côté qu'on envisage les places de notre Magistrature, on ne voit pas qu'elles irritent beaucoup l'ambition. Sera-ce pour de tels postes qu'on violera les loix & la liberté des Citoyens.*

On tenoit le même langage en 1718. le placard cité répond pour nous. Alors comme aujourd'hui l'unique but des Conseils étoit ; disoient-ils, *de transmettre à leurs successeurs le précieux dépôt des Loix ; leur résolution unanime étoit de maintenir en son entier l'heureuse constitution de nôtre Gouvernement* : on sait ce que signifioient ces protestation ; on ne voudroit pas donner le même sens à celles que le Petit Conseil a faites en dernier lieu *à la face de la Patrie.*

(100) *Le Conseil des 200 a le droit de faire chaque Mois des propositions, des représentations, des plaintes. Sera-t-il un témoin muët & indifférent de l'usurpation, des dénis de Justice, des Loix violées par le Petit Conseil ? Faisant annuellement le grabeau des Magistrats, ne feroit-il point d'exemple sur les plus coupables ?*

On sait ce qu'il fit en 1707 & en 1718 ; on connoit la valeur des Grabeaux. C'est l'occasion de faire sa cour aux distributeurs des graces. Quant aux *plaintes, propositions, remontrances* des Membres du 200, le Petit Conseil ne les a-t-il pas aussi rendues vaines par le droit négatif ?

(100)

(100) *Enfin quand on fuppoferoit le le Petit Confeil réuni dans un fiftême d'entreprifes contre la Liberté & les Loix, il refteroit un remède trifte, je l'avoue, mais légal, & qui dans ces cas extrêmes pourroit être employé, comme on employe la la main du Chirurgien, quand la gangrène fe déclare.*

Cette propofition eft énigmatique; mais quelque fens que l'Anonyme ait voulu donner à l'amputation qu'il confeille ici, nous lui dirons qu'un homme fage n'attend pas que la gangrène ait gagné fes membres lorfqu'il peut la prévenir; & qu'il vaut mieux renvoyer le droit négatif dans l'obfcurité d'où on le tire, que de l'admettre au rifque évident de porter un coup mortel à la liberté.

(102) *Le Confeil peut rejetter une Repréfentation mal fondée ou peu convenable; voilà l'ufage de fon droit. S'il refufe le redreffement d'un grief légitime, en voilà l'abus; mais qui en fera le Juge? C'eft ici où la prudence humaine eft en défaut dans tous les Gouvernemens poffibles, sibles, parce qu'enfin il ne peut y avoir de Juge étranger.*

Ce raisonnement ne signifie rien. Il ne peut y avoir de Juge étranger, il est vrai ; mais il y en a un naturel dans notre République comme *dans tous les Gouvernemens*, c'est le Législateur. Chez tous les Peuples il est le Juge incontestable de toutes les questions qui peuvent s'élever sur les pouvoirs qu'il a accordé aux différens Tribunaux, & sur les bornes de ces pouvoirs. " S'il s'éleve dans
,, l'Etat des contestations sur les loix fon-
,, damentales, sur l'administration pu-
,, blique, sur les droits des différentes
,, Puissances qui y ont part; il apartient
,, uniquement à la Nation d'en juger, &
,, de les déterminer conformément à la
,, Constitution Politique. (*) ,,

N'est-il pas bien singulier, Monsieur, qu'un Auteur qui ne voit point de milieu entre le Petit Conseil & un Juge étranger dans le cas où les Citoyens & Bourgeois ne voudroient pas souffrir que ce Conseil les dépouillât de leurs droits à
son

___
(*) Vattel, Droit des Gens.

son gré, qu'un tel Auteur, dis-je, ose se décorer du titre de Citoyen ? Voudroit-il nous donner à entendre que le Petit Conseil aussi infléxible qu'il l'a été autrefois à l'occasion de l'Edit de 1570, aura recours aux mêmes Juges qui décidèrent la question ? C'est ce que nous avons de la peine à nous persuader, parce que nous pensons plus favorablement des membres qui le composent. Les Conseils inférieurs ont constamment en mains la faculté de terminer toutes les Contestations, puisqu'ils ont celle d'assembler le Conseil Général & de le faire prononcer dans tous les cas. Pourquoi donc appelleroient-ils un Juge étranger, lorsqu'ils n'ont qu'à consulter le Juge naturel ? Ce Tribunal étranger n'est que le recours des opprimés, de ceux auxquels on refuseroit le Juge naturel ; des Citoyens & Bourgeois, lors qu'excédés; par des dénis de Justice, & ne pouvant obtenir la convocation du Souverain, ils seroient forcés d'appeller les Garants de la Constitution. Mais après tout, que l'Anonyme ne se flatte pas de nous ébranler par ſes menaces. L'équité qui dicta le réglement de l'Illuſtre Médiation nous aſſure de l'impartialité avec laquelle elle décideroit, ſi jamais elle étoit appellée.

Mais pourquoi le Petit Conſeil ne reconnoîtroit-il pas la compétence du Conſeil Général dans ces matières ? Par quelle règle lui refuſeroit-il un pouvoir auſſi eſſentiellement attaché à la Souveraineté, & auquel il eut lui-même recours en 1657 ? Qu'on ouvre le Régître de cette année; on trouvera aux pages 360 & 361, que le Petit Conſeil craignant que celui des 200 ne voulut s'attribuer les matières criminelles, & la cauſe de De Rabours & de la Deſconfin devant s'y plaider; Mr., le premier Sindic fait délibérer en Deux-Cent ſi cette cauſe eſt civile ou criminelle; afin que ſi elle eſt jugée être criminelle, elle ne ſe plaide point au dit Conſeil des 200; mais que l'affaire ſoit plutôt portée devant le Peuple, en cas que le Deux-Cent voulut inſiſter à juger des dites cauſes criminelles.

(102)

(102) *Il faut bien que le Conseil juge de la solidité des Représentations qu'on lui adresse, sans quoi il n'y auroit point de Gouvernement, ou plutôt il seroit tout entier dans la main des Représentans; ce ne seroïent plus des Représentations, ce seroient des ordres au Conseil de porter telle ou telle question au Conseil Général.*

Je l'ai déja observé plusieurs fois ; les Représentations qui nous occupent sont des plaintes sur la violation de diverses loix, & des réquisitions pour prévenir ces plaintes à l'avenir. Pour juger de la force du raisonnement de l'Anonyme, appliquons-le au cas des Sieurs Bardin. On leur avoit enl   leurs livres; & s'étant pourvûs par requête au Conseil pour en obtenir la restitution ou le payement; on leur répondit qu'il n'y avoit pas lieu. Cet arrêt excita les plaintes des Intéressés & du public ; mais je puis prouver par l'argument de notre Auteur, que ces plaintes étoient mal fondées. *Il faut bien que le Conseil juge de la solidité des requêtes qu'on lui adresse, sans quoi il n'y auroit point de Gouvernement, ou plu-*

tôt il feroit tout entier dans la main des fupplians ; *ce ne feroient plus des requêtes , ce feroient des ordres au Confeil de rendre telle ou telle fentence.* De même, quand un Citoyen aura été condanné pour crime, le Petit Confeil pourra rejetter fa requête en recours , parce que s'il étoit indifpenfablement obligé de porter les recours en Deux-Cent, *ce ne feroient plus des requêtes , ce feroient des ordres au Confeil de porter telle ou telle queftion au Confeil des 200.* Si je fais affigner ma partie par devant Monfieur le Lieutenant, il ne fera pas obligé de juger de la difficulté portée à fon Tribunal; parce que felon l'Anonyme, ce feroit un ordre à Monfieur le Lieutenant de juger telle ou telle caufe.

(102) *Le droit des Repréfentations fuppofe donc néceffairement chez ceux auxquels on les adreffe, le Droit de les rejetter. Suit-il de là que fi le Petit Confeil négligeoit de convoquer le Confeil Général pour l'éleftion des Magiftrats que ce Confeil a droit d'élire ; ou s'il établiffoit un impôt, le Petit Confeil put rejetter des Re-*

Repréfentations tendantes à réparer ces griefs légitimes ? Ce feroit le cas de la Tyrannie ; perfonne ne s'y méprendroit, comme perfonne ne fe méprendra fur la chimère d'une fuppofition pareille.

Chimère ! L'Illuftre Médiation a décidé que le droit des impôts n'apartenoit point au Confeil des Deux-Cents; & en le reftituant au Confeil Général, elle a déclaré ne faire autre chofe que *conferver les droits & privilèges du Peuple, ainfi que l'indépendance de l'Etat.* Ce droit des impôts que le Deux-Cent s'étoit approprié, n'étoit-il pas une ufurpation ? Jugez par le placard de 1718 de la difpofition des Confeils à réparer les griefs les plus légitimes.

Depuis cette reftitution le même Confeil n'a-t-il pas taxé les places de Saint-Pierre ? Quel cas a-t-il fait des *Repréfentations* fur cet objet ? Il a laiffé fubfifter la taxe, fous promeffe de ne pas récidiver, comme s'il avoit le droit de partager avec le Souverain. L'Anonyme nous fournit un réfultat. Il feroit vrai dans toute l'étendue des termes s'il arrivoit

rivoit jamais que le Conseil fut le Juge de ses propres infractions. Les exemples parlent.

(103) *Il faut une autorité, & il est impossible de la donner & de la retenir en même tems. Le Conseil a la puissance de juger ; l'en dépouillera-t-on, parce qu'enfin il est possible qu'il condanne un innocent ?*

Il faut une autorité, mais elle doit être limitée, parce que, comme nous le dit l'Anonyme lui-même, *l'Autorité qui n'a point de bornes sait rarement se borner* ; parce que (103) *nous sommes Gouvernés par des hommes, c'est-à-dire, par des êtres bornés ; soumis par conséquent aux préjugés & à l'erreur*, & (97) *qu'une confiance aveugle dans la modération du Gouvernement seroit un grand défaut*. Le Conseil a la Puissance de juger ; mais ce n'est pas en dernier ressort : l'appel en 200 limite son pouvoir. S'il refusoit le bénéfice de cet appel, il faudroit bien lui ôter la puissance de juger. Par quelle raison sera-t-il limité dans le pouvoir de juger les particuliers, & ne

le

le fera-t-il pas en jugeant dans sa propre cause; lorsqu'il sera question de décider s'il a passé les bornes de son pouvoir?

(104) *Personne parmi nous ne dira que le Gouvernement ne soit doux & équitable ; & nous nous armons contre lui, comme s'il étoit terrible.*

Laissons à Mr. Rousseau, à Mrs. Gaudy & Binet, à Mrs. Pictet & Duvillard, à Mrs. Bardin, à la Dlle. Gerbel, laissons leur le soin de prononcer sur la douceur & l'équité du Gouvernement (*). Quant à nous

---

(*) Consultez les Srs. Henry & C. de Lyon, & le Sieur Mirabaud de cette Ville.

En 1744 les Srs. Henry & C. entrepreneurs des voitures à Lyon, reçurent 12 piéces de vin pour le compte d'un particulier de Genève. Ils les expédièrent ici par adresse de Mrs. Juvantin & Laroche, auxquels, à l'arrivée des vins, ce particulier refusa de payer le compte de la voiture & autres fraix. Les Srs. Juvantin & Laroche le firent citer par devant Mr. le Lieutenant, pour qu'il fut condanné à payer, ou que les vins fussent vendus judiciellement pour en apliquer le produit au payement du compte. Mr. le Lieutenant ordonna la vente du vin, pour, les deniers être raportés en Justice, & délivrés à qui de droit, & un Auditeur fit procéder à la vente publique. L'argent étant en Justice; les Sieurs Juvantin & Laroche se pourvurent pour en avoir la

main

à nous, c'eſt moins contre le Gouvernement actuel que contre celui qu'on travaille à établir que nous croyons devoir nous

main levée; on les renvoya au Conſeil, qui décida que Mr. le Lieutenant n'avoit pas pu accorder la permiſſion de vendre les vins, que cependant les deniers ſeroient délivrés aux Sieurs Juvantin & Laroche, ſous la déduction de 100 florins par forme d'amende. En vain repréſentèrent-ils que le produit des vins ne ſuffiſoit pas pour payer le compte des frais, que cette amende retomboit ſur Mrs. Henry & C. qui étoient étrangers, & qui ne devoient pas payer la faute de la Juſtice, ſi tant eſt qu'elle eut ordonné cette vente contre les Réglemens. Il falut payer l'amende.

Divers particuliers ayant donné l'ordre au Sieur Mirabaud en 1758 de leur procurer du vin de Languedoc, il en fit venir neuf piéces dans les halles, d'où ces particuliers les retirèrent après s'en être procuré la permiſſion de Mr. le Sindic de la Chambre des Vins. Lorsmême que le Sr. Mirabaud auroit fait venir ce vin pour ſon propre compte, & pour le vendre dans les halles, perſonne n'avoit lieu de s'en plaindre, parce qu'on ne peut en défendre que l'introduction dans les caves de la Ville, & non le commerce que tout Citoyen & Bourgeois a inconteſtablement le droit d'en faire pour l'étranger; & pour lequel l'intérêt du fiſc exige que l'entrepôt ſe faſſe dans la Douane, qui en retire les droits de tranſit. Si dans le tems que ces vins ſont en Douane, il plait à des particuliers d'en acheter & de les introduire dans la Ville en payant les droits, pourquoi le Citoyen auquel ces vins apartiendront, ne pourra-t-il pas les vendre; l'accuſera-t-on d'en faire un commerce frauduleux?

En effet, n'eſt-il pas abſurde de prétendre que des étrangers pourront venir faire le commerce des vins dans notre

nous armer. Dès l'année 1568 le Petit Conseil résolut de cacher au Peuple les Edits qu'il venoit de passer en Conseil Gé-

notre Douane, & que les C. & B. n'auront pas la même faculté? Or cette même année 1758, un Provençal y en vendit 24 à 26 piéces, si publiquement, qu'il s'annonça sur la feuille d'avis, & peu de tems après on en vendit dans la Douane la charge de plusieurs charrettes de celui du Languedoc.

De quelque côté qu'on envisage donc le cas du Sr. Mirabaud, il ne pouvoit être accusé d'aucune contravention. Cependant il fut appellé à la Chambre des vins: étant interrogé sur ces 9 piéces, il indiqua les personnes d'ordre desquelles il les avoit fait venir, & offrit la preuve. La dessus la Chambre ordonna une procédure à l'insçu du Sr. Mirabeau, & le 27. Janvier 1759 le fit appeller pour lui prononcer qu'elle l'avoit condanné à 50 écus d'amende, pour avoir transgressé les réglements. Il se recrie, demande qu'on lui expédie la sentence & la procédure sur laquelle elle est fondée, on le lui refuse séchement. Il se pourvoit au Conseil pour *qu'il lui plaise ordonner que le dit Jugement lui sera communiqué avec toutes les piéces & toute la procédure qui en a été la base.* Le Conseil arrête le 5º Février *qu'il n'y a pas lieu d'accorder au suppliant les fins par lui requises, mais seulement la communication du Jugement rendu contre lui.*

La sentence lui étant communiquée, il remarqua que le motif de sa condannation étoit *qu'il n'avoit pas été en état de justifier spécifiquement la commission de ces 9 piéces.* Ce motif suffisant pour en démontrer l'irrégularité, il se pourvût de nouveau par une requête en Conseil dans laquelle il s'exprimoit ainsi. *Mais avant de prétendre qu'il n'avoit pas fait cette preuve, V. S. ne trouveront-elles pas qu'il étoit juste de l'y admettre & de l'y acheminer?*

Général. Ce même Conseil envoya en prison Pierrre Patac Citoyen en 1604, parce qu'il osa demander que le traité de Saint Julien fut porté en Conseil Général. Joint au Conseil des 200 il s'empara successivement de tous les droits de la Souveraineté, aux Elections près. En 1707 il fit périr ou ruina & proscrivit tous ceux qui pouvoient lui faire ombrage par leur amour ardent pour la Liberté. En 1718 il condanna par anticipation tous ceux qui oseroient seulement prêter l'oreille à la voix de la Liberté qui se faisoit entendre par les lettres Anonymes.

Que

Et si on ne l'y a pas acheminé, pouvoit-on dire qu'il ne l'avoit pas faite? Quand il est question de juger un homme sur son honneur & sur son bien, lui refusa-t-on jamais les moyens de se défendre de l'imputation qu'on lui fais? Quel fut l'Arrêt du Conseil sur cette dernière requête? Le voici. Du 11ᵉ May 1759, en Conseil ordinaire Vû la présente requête & l'information prise sur le fait, arrêté de modérer l'amende prononcée contre le supliant par les Seigneurs de la Chambre du vin à cent florins. De Chapeaurouge. C'est ainsi qu'un *Gouvernement doux & équitable* condanne à l'amende les particuliers sur des informations secrettes, & sans vouloir leur accorder les moyens de se justifier. Voila comment il invite la Bourgeoisie à lui remettre le droit de décider souverainement si les plaintes qu'elle a à porter contre son administration, sont fondées ou non.

Que dis-je ? chofe inouie ! leurs héritiers après eux, les enfans à la mammelle, ceux qui étoient encore dans le fein de leurs Mères, étoient condannés par cet arrêt fulminant. Enfin pour foutenir leur interprétation arbitraire de l'Edit de 1570, ces Confeils ne craignirent pas d'expofer la Patrie aux horreurs d'une guerre Civile. Tout cela dans un tems où l'on n'avoit pas encore imaginé le droit négatif, où la Bourgeoifie pouvoit chaque jour prendre les armes contre les ennemis de fa liberté comme contre ceux de la Patrie. Elle fe fera dépouillée de ce pouvoir en accédant aux articles 23 & 25 du Réglement de l'Illuftre Médiation; & elle aura en même tems accordé au Petit Confeil le droit négatif, ce droit finiftre, qui eft la puiffance de détruire tous les autres ! Etoit-ce là l'intention de nos Illuftres Médiateurs qui ont déclaré dès l'entrée de leur ouvrage que leur but étoit de conferver *l'indépendance de l'Etat, enforte que l'un des Ordres ne pourra donner atteinte ni rien enfreindre au préjudice des droits & attribut de l'autre ?*

(105)

(105) L'Anonyme transcrit un morceau des Représentations qui porte que „ Si le Conseil étoit en droit de décider „ du sort des Représentations, ce droit „ rendroit celui des Représentations il- „ lusoire, rendroit le Conseil Juge dans „ sa propre cause, deviendroit la Puis- „ sance d'anéantir ou de changer l'Etat „ à sa volonté, & d'élever une Loi con- „ tre toutes les autres Loix. " Et il en conclud que *si cette objection est fondée, la Loi qui veut qu'une societé se conserve étant la première des Loix, & la societé devant être regardée comme anéantie quand la Liberté n'y est plus, il faudroit se hâter de refondre une constitution qui se détruit elle-même.* L'Anonyme pose ici en fait ce qui est en question, savoir que le droit négatif est établi par la Constitution fondamentale. Dès que j'ai prouvé le contraire, il ne s'agit pas de *refondre notre constitution*; mais seulement de la défendre contre les nouveautés qui pourroient s'y glisser sous les auspices du Petit Conseil. Ne diroit-on pas pas en effet que nous sommes menacés d'un d'un bouleverfement total ; parce que le Petit Confeil ne pourra pas éconduire les Citoyens & Bourgeois qui lui porteront les plaintes les mieux fondées contre fon adminiftration ; comme s'ils étoient de fimples fujets qui s'avifent de critiquer mal-à-propos la conduite du Gouvernement, qui *ofent faire* des reproches (*) fur l'adminiftration, qui ofent *blamer le Confeil* ? Parce qu'on demandera au Confeil General, s'il a entendu que des gens qu'il ne connoit pas, auxquels il n'a confié aucune autorité, auront celle d'envoyer les Citoyens à la mort ?

(107) *Il ne faut pas que le Gouvernement ait trop de force ; fans quoi il pourroit tout envahir.* Cela eft admirablement bien dit (171). *Quand on forme une Conftitution, il faut diftribuer les pouvoirs dans la fuppofition que ceux à qui on les donne pourront en abufer.* Vous êtes enchanté, Monfieur, des maximes de notre Auteur, & vous le croyez regénéré. Vous auriez raifon, s'il étoit d'ac-
r cord

_____

(*) Voyez la Réponfe du Confeil page 150, 152, 160, 170.

cord avec lui-même. Lisez à la page 145. *Le danger ou l'utilité du droit négatif dépend totalement de l'usage que le Conseil fera de ses autres droits, celui-ci peut être ou la Puissance conservatrice de la Constitution, ou le moyen d'y perpétuer les abus que le Conseil y auroit introduits:* mais quand la Constitution lui a confié le Gouvernement, sans doute elle n'a pas compté qu'il en abuseroit; car elle ne le lui auroit pas confié. Il ne faut pas que le Gouvernement ait trop de force; mais il réunira toutes les forces par le Droit négatif! *Les pouvoirs doivent être distribués dans la supposition que ceux à qui on les donne pourront en abuser;* & le droit négatif peut être le moyen de perpétuer les abus: donc quand la Constitution a confié le Gouvernement au Petit Conseil, *elle n'a pas compté qu'il en abuseroit,* d'autant moins qu'à *la jalousie naturelle se joint une grande facilité à se méprendre sur les bornes précises des pouvoirs respectifs* (107)!

L'Anonyme nous transporte dans les pays les plus éloignés, chez les Peuples les

les plus anciens, pour prouver la nécessité du Droit négatif dans notre République. Mais n'allons pas nous égarer avec lui dans ces routes incertaines ; ouvrons plutôt nos fastes, & cherchons dans les faits qui nous intéressent directement la solution du probléme de l'Anonyme, sur l'utilité du droit qui lui tient si fort à cœur.

Le 24e. Janvier 1519 le Conseil General fut assemblé au Sujet de Philibert Berthelier, & il ordonna au Petit Conseil de rendre une sentence d'absolution en sa faveur.

Le 3e. Avril le Conseil Général fut encore assemblé à l'instance du Seigneur de Lucinge.

Le 17e. du même Mois l'Evêque en fit assembler un au Sujet de ce qui s'étoit passé sur la Bourgeoisie de Fribourg.

Le 28e. Avril 1527 le Conseil Général fut assemblé pour ouïr le raport de ce qui avoit été fait à l'égard de Cartelier ; ce qui fut approuvé & on lui permit de négocier de la même manière qu'un Etranger.

Le 8ᵉ. 9bre. 1527 le Petit Conseil reconnoissant que les affaires d'Etat considérables apartenoient au Conseil General, y porta *rectà* celle du Prieur de Saint Victor, que ce Conseil Souverain résolut de défendre. Il statua aussi qu'aucun Citoyen ou Bourgeois ayant procès avec un autre C. ou B. n'eut plus à recourrir à Vienne ; pour éviter les embarras des procès.

Le 13ᵉ. 9bre. 1528 le Conseil Général statua que ceux qui seroient appellés en Conseil par les huissiers, seroient obligés d'y comparoître sous peine de la prison, & que l'on recevroit des Bourgeois pour trouver de l'argent.

Le 26ᵉ. du même mois, le Pays de Vaud ayant envoyé deux Députés pour offrir sa médiation entre le Duc de Savoye & la Ville, le Conseil General fut assemblé pour les entendre.

Le 2ᵉ. Décembre, le Chanoine Balard de Fribourg s'étant pourvû au Conseil des 200 contre l'Evêque sur fait Civil, il fut résolu d'écrire au dit Evêque, & d'assembler le Conseil General, au cas
qu'il

qu'il ne veuille pas satisfaire à la demande du Chanoine.

Le 7ᵉ. Février 1529, Thomas Vandel Curé, présente requête au Conseil General, qui la décrête en renvoyant l'affaire au Conseil des Deux-Cents.

Le 12ᵉ. Décembre, le Conseil des Deux-Cents ayant libéré des arrêts Louis Dufour débiteur de 13060 Florins à Pierre Defernex, l'un des condannés, en promettant de se représenter & de n'absenter la Ville, Vandel second Sindic, Coquet & Richardet Anciens Sindics & plusieurs autres protestent contre cet avis, & s'opposent jusques à ce que le Conseil Général en ait connu.

Le 1ᵉʳ. Février 1530, après l'Election des Sindics, on porta au Conseil Général la résolution que le Deux-Cent avoit prise de recevoir des Bourgeois, & il fut statué qu'il n'en fut point reçu qu'il n'eut été auparavant présenté & admis au Conseil des Deux-Cents.

Le 8ᵉ. du même mois le Conseil des 200 fit diverses entreprises sur les droits du Conseil Général, en s'attribuant l'Election du Petit Conseil, en faisant des changemens à celles du Lieutenant, des Auditeurs, & à celle du 200, & par des réglemens sur des objets sur lesquels le Conseil Général avoit statué en 1507 & en 1516.

Le 20ᵉ. Aoust & le 9ᵉ. 7bre. le Petit Conseil reconnoissant que la création des Bourgeois apartenoit au Conseil des Deux-Cents en vertu de l'Edit du 15ᵉ. 9bre 1528 & du 1ᵉʳ. Février 1530, lui présenta le rôle de plusieurs personnes que le Deux-Cents admit à la Bourgeoisie.

Le 14ᵉ. 7bre. le Petit Conseil porta droit en Conseil Général les réglemens qu'il avoit fait pour la sûreté de la Ville.

Le 9ᵉ. 9bre., le Petit Conseil porta en Conseil Général la résolution de démolir les Maisons qui nuisent à la sûreté de la Ville, & elle fut approuvée.

Le 19ᵉ. Fevrier 1531, les Sindics assemblèrent *rectà* le Conseil Général au sujet de l'élection d'un Capitaine Général faite par quelques Citoyens & Bourgeois qui s'étoient assemblés au son du tambour

&

& de la trompette dans le Couvent de Rive, où les Sindics voulurent remettre leurs batons, prétendant que c'étoit contre leur autorité. Surquoi le Conseil Général ordonna que les Sindics resteroient dans leur Office, & confirma Bezançon Hugue Capitaine Général, & Etienne Dadaz son Lieutenant, ordonnant que chacun vive en repos.

Le 17e. Novembre 1532, le Petit Conseil fit une entreprise sur les droits du Conseil Général, par un réglement sur les acquits des fonds par les forains; & en aprouvant par serment tous les Statuts, Ordonnances, Constitutions, Impositions & Edits des Conseils Généraux, & tout ce qui avoit été fait par le Petit, Médiocre & Grand Conseil, comme si ces Edits & Ordonnances eussent besoin du sceau de son aprobation.

Il seroit trop long de raporter tous les cas criminels portés & jugés en Deux-Cent. Mais le 31e. Janvier 1533, le Petit Conseil pour éviter que la cause d'Isaac Porta n'y fut portée, modéra 'a sentence qu'il avoit prononcée contre
lui

lui, & attenta de la sorte à l'autorité du Conseil des 200.

Le 8e. Février 1534, le Conseil Général étant assemblé pour l'élection des Sindics, les Sindics y firent lire les procédures tenues contre Claude Pennet & Jean Portier ; & le Conseil Général donna pouvoir AUX SINDICS ET PETIT CONSEIL de faire le procès au dernier, & à ceux qui se trouveroient dans le même cas. Le Conseil Général renouvella ensuite l'Edit contre ceux qui refusoient les Offices, confirma ratifia & approuva tous les traités d'Alliances : Enfin ayant été proposé de casser le Conseil des Deux-Cents, à qui le Petit Conseil n'avoit rien communiqué de toutes les affaires, on résolut unanimément de le conserver pour l'utilité de la Ville. Dans le même Conseil Général on rapporta les aliénations & les Bourgeoisies, qui furent approuvées en gros.

Le 25e. Octobre 1535 les Députés de Berne furent admis au Conseil Général, qui les ayant entendus répondit ne vouloir point de paix avec les traîtres de Penay &c.

Le

Le 14ᵉ. Novembre le Conseil Général approuva les résolutions du 200 au sujet du Grand Hôpital, & chargea le Petit Conseil d'élire deux Commissaires pour veiller au bien du dit Hôpital.

En Novembre & Décembre le 200 fit divers réglemens sur les monnoyes, sur la charge des Auditeurs, & se dispensa de porter en Conseil Général une lettre de Berne tendante à accepter une trêve de cinq mois. C'étoient tout autant d'atteintes à l'autorité du Conseil General.

Le Conseil General assemblé le 6ᵉ. Février 1536 pour l'Election des Sindics, substitua Aimé Levet à un des huit qui lui furent présentés. Ce Levet étoit Capitaine de St. Gervais & simple membre du 200.

Le 21ᵉ. May le Conseil General confirma l'établissement de quatre visiteurs des Patissiers & Boulangers, pour veiller à l'observation des Ordonnances sur le pain.

Le lendemain le Petit Conseil assembla le 200 où les Ambassadeurs de Berne donnèrent leurs demandes par écrit; sur

la

la Réponse à eux faite, ils demandèrent le Conseil General, qui fut assembla le 23e. leur donna Audience, & leur répondit.

Le 15e. Mars 1537, le Sieur de Novery voulant appeller du 200 au Conseil General, le Petit Conseil dit qu'il n'y avoit pas lieu, ni pour lui, ni pour aucun autre.

Le 18e. May le Conseil des Deux-Cents fit l'arrêté suivant. *Arrêté que le Conseil des 200 veut que ce qu'il arrête soit observé, sans qu'aucun particulier quelqu'il soit ose dire ni faire contre, méme de ce qui concerne le Public.*

Le 22e. Juin, le Petit Conseil déclara qu'il n'y avoit point d'appel en Deux-Cent pour cause de mariage.

Le 10e. Novembre, les Députés de Berne ayant demandé au Petit Conseil le Conseil General, il leur répondit qu'il les prioit d'agréer *que l'on suivit l'ordre du Gouvernement*, savoir de proposer en Petit Conseil, puis en Deux-Cents, *car ou ne demandoit jamais le Conseil Gene-*

neral que par *résolution du Grand Conseil*, dit le Régitre.

Le 19ᵉ. du même mois le Conseil General arrêta de refuser les emplois à ceux qui étoient revenus dans la Ville, quoique reconciliés, & qui avoient été fugitifs dans les tems de nécessité.

Le 25ᵉ., le Petit Conseil assembla le Conseil General ensuite de la résolution du 200, Jean Ami Curtet premier Sindic le commença par un discours rempli de plaintes sur des paroles offensantes qui avoient été dites contre les Sindics, & Conseils ; & il dit enfin que le Conseil General étoit assemblé tant pour ouïr les instructions, que sur ce qui avoit été dit par quelques uns que *toutes les affaires se fissent en Conseil General*, & sur ce qu'Ami De Chapeaurouge avoit dit, *que le Conseil des Deux-Cents étoit pour pratiquer & faire à la poste de trois ou quatre.*

Le 1ᵉʳ. Février 1538, le Conseil General assemblé pour l'Election des Sindics, les Sindics dirent que l'on ne feroit autre chose que l'Election, & que le Dimanche suivant on tiendroit un

au-

autre Conseil General pour ouïr les plaintes. Cependant ce Conseil n'eut point lieu. Dans ce Conseil le Peuple élut Claude Richardet, Jean Philippe & Jean Lullin, qui n'étoient pas membres du Conseil ni du nombre des huit qui lui avoient été présentés.

Le 9ᵉ Février 1539, le Conseil General assemblé pour l'Election des Sindics, il fut arrêté d'en assembler un autre pour ouïr ceux qui prétendent dire quelque chose. Cependant il n'eut pas lieu.

Le 4ᵉ Mars le Petit Conseil porta en Deux-Cent la renonciation de Jean Goula à la Bourgeoisie.

Le 30ᵉ. Mai, le Petit Conseil établit le tribunal des appellations composé de douze Juges, pour éviter de porter les causes en Deux-Cent.

Le 25ᵉ. Aoust Baudichon de la Maison Neuve demande permission au Deux-Cent de tenir boutique ouverte, & il est arrêté de lui dire de se faire recevoir Bourgeois, ayant été remis à la discrétion du Petit Conseil pour le prix.

Le 14ᵉ. Novembre, le Deux-Cent arrêta

arrêta entr'autres, que nul n'ait à proposer chose en Conseil General, que premiérement il n'ait été proposé en Petit & Grand Conseil, sous peine d'être privé de la Bourgeoisie ; mais cette proposition ayant été portée le 16ᵉ. en Conseil General, elle lui parut si ridicule que les Citoyens & Bourgeois se séparent sans vouloir y consentir.

Le 8ᵉ. Février 1540, le Conseil General assemblé pour l'Election des Sindics, Jean Pécolat y présenta aux Sindics trois articles qui furent lus & trouvez bons, dont le premier portoit qu'on tienne le Conseil General quatre fois l'an, afin de donner bon ordre à la chose publique.

Le 22ᵉ. Avril, le Conseil General ordonna de faire le procès des trois Députés qui avoient été à Berne,

Le matin 6ᵉ. Juin, plusieurs Citoyens s'étant allez opposer en Petit Conseil à la réponse qu'il vouloit envoyer à Lausanne, le Conseil General fut assemblé à 11 heures; & il confirma la sentence rendue contre trois condannés.

En

En 1543 le Conseil General à l'instance de Messieurs de Berne & de Basle, fit grace à divers fugitifs, à condition de faire amende honorable en Deux-Cent, & de payer une amende.

Ce Dimanche 2ᵉ. Avril 1554, plusieurs Magistrats étant redevables au public à cause du maniement qu'ils avoient eu par le passé des deniers publics, pour en avoir raison il fut établi en Conseil General un nouveau Siége de Justice, nommé les Patrimoniales, auquel assisteroient l'un des Sindics, deux Conseillers, & encore d'autres Citoyens, pardevant lesquels devoient revenir toutes causes concernant le Patrimoine ou le revenu de la Cité.

Le 18ᵉ. Aoust 1555, le Conseil Général statua que nul n'eût à parler, ni procurer de laisser venir dans la Ville ou le territoire, les fugitifs & séditieux, à peine d'avoir la tête tranchée.

Le 28ᵉ. Février & le 5ᵉ. Mars 1560, le Petit Conseil fit publier des Edits qui n'avoient pas même été portés au Conseil des Deux-Cents. Ils furent imprimés par Artus Chauvin. Le

Le 9ᵉ. Avril 1567, le Conseil Général donna pouvoir au Petit Conseil de faire battre la caisse, pour lever gens de guerre, & assembler des munitions suivant la nécessité.

Le 2ᵉ. Octobre 1569, le Conseil Général fut assemblé pour approuver une collecte en faveur des pauvres.

Le Petit Conseil ayant procédé à la nomination des Sindics pour l'année 1577, & le 200 l'ayant rejettée, il y eut entre ces deux Conseils de grandes disputes, qui furent terminées par une nomination du Conseil Général.

Le Conseil Général étant assemblé en Janvier 1578 pour l'élection des Sindics, Jacques Botillier Membre du Deux-Cent, & ensuite du Petit Conseil en 1603, fit les six propositions suivantes.

1°. Que l'on puisse à l'avenir proposer au Conseil des Deux-Cents ce qui semblera bon.

2°. Que l'on établisse la balotte en toutes affaires, & dans les Elections.

3°. Que l'on crée douze Conseillers muets pour assister en Petit Conseil.

4°.

4°. Que l'on établiſſe un Conſeil pour juger en ſuprêmes, tant du Petit Conſeil que de celui des Deux-Cents.

5°. Qu'il en ſoit de même pour les cauſes criminelles.

6°. Que le droit dû aux Citoyens ſoit gardé pour le regard de la primogéniture, ſur la préférence & précédence, enſuite aux autres, ſelon le dégré de priorité & de poſtériorité méritans.

Au mois d'Aouſt 1583 on oſa propoſer en Deux-Cents de lui attribuer le pouvoir légiſlatif, les Elections des Charges, le pouvoir de faire des Alliances, & celui de faire la paix & la guerre. Le premier Mars 1584 le Petit Conſeil arrêta de ne point porter au Conſeil General l'abréviation des Edits civils.

Le 1ᵉʳ. Avril 1589 le Petit Conſeil ayant réſolu de déclarer la guerre au Duc de Savoye, porta cette réſolution au Conſeil des Deux-Cents ſans la porter au Conſeil General; & le 19ᵉ. du même mois, le Petit Conſeil fit un traité

avec

avec Monsieur de Sancy Ambassadeur de France, sans le communiquer ni au Conseil des Deux-Cents, ni au Général.

En Février 1604 le Petit Conseil arrêta de ne pas convoquer le Deux-Cent à des jours fixés, mais seulement quand il y auroit nécessité : quoique le 3°. Janvier 1603, il eut été arrêté en Deux-Cent de l'assembler, en tems paisible, une fois le mois, savoir le premier Vendredi. Mais le 17°. du même Mois, sur les plaintes des Membres du Deux-Cent, & à la requisition du Procureur Général, l'Arrêt du Petit Conseil fut revoqué.

Le 2°. Août 1661, le Conseil des Deux-Cents fit un Arrêt contre les débiteurs de la Seigneurie, portant que nul ne pourra se servir d'aucuns des privilèges en faveur des Citoyens & Bourgeois.

Le 14°. Août 1667, les Députés de Genève firent à Turin cession de la Souveraineté d'une maison de Corsinge, qui ne fut point rapportée ni ratifiée en Conseil Général.

Je m'arrête ici, parce que ces faits paroissent suffisans pour établir l'esprit des tems voisins de l'époque, pendant laquelle ont fit les principaux Edits de la République, celle de l'année 1543 à 1568. Il est certain qu'alors toutes les affaires de quelque importance, tant civiles que criminelles & politiques, étoient portées au Conseil Général, notamment toutes les contestations entre les différens Corps; & lorsque je considére d'un côté le 1er. Article de l'ordre des Conseils inféré dans l'Edit politique de 1568, de l'autre, l'indignation que témoigna le Conseil Général le 14e. Novembre 1539 sur la proposition qui lui fut faite alors au sujet des matières à porter dans ce Conseil, & les propositions qui y furent portées à droiture en 1578, par Jacques Botillier, je deviens toujours plus impatient de voir cet Edit en original. Vous aurez de la peine, Monsieur, à vous persuader, que l'on n'eut pas imposé silence à Botillier, si l'Edit lui eut interdit de parler, & qu'au lieu de le punir de sa témérité, on l'ait récompensé de son

son zèle en le faisant Conseiller d'Etat.

En remontant un peu plus haut dans notre histoire, on trouve les Sindics & Conseil recourant toujours au Conseil General pour se défendre contre les entreprises des Ducs de Savoye, de l'Evêque, & de ses Officiers. Mais dès que l'Evêque se fut retiré, & que par une suite de notre bienheureuse réformation, le peuple eut réuni à ses anciennes prérogatives les droits du Prince, & que les Sindics Petit & grand Conseils ne virent plus de Supérieurs que le Conseil General, ils travaillèrent de concert à empiéter sur les droits de celui-ci, témoin l'Arrêt aussi ridicule que despotique des 200 du 18e. Mai 1537. Dans le même tems, le Conseil des Vingt-cinq faisoit en son particulier ses efforts pour suplanter celui des Deux-Cents; & ils avoient si bien réussi dans leurs entreprises réciproques, que si le Conseil General & celui des Deux-Cents comparent les droits & attributs dont ils jouissoient en 1543, avec ceux dont ils jouissent aujourd'hui, ils ne pourront qu'être saisis d'étonnement de voir combien ils se trou-

S 2 vent

vent éloignés de leur premier terme ; & cela néanmoins fans que le Confeil General feul Légiflateur, ait prétendu par aucun Edit reftreindre fes droits jufques à l'époque de la Médiation. Et fi nous prenons pour dernier terme, non l'époque préfente, mais l'année 1735, quelle différence prodigieufe au défavantage du Confeil General ! Le pouvoir légiflatif, le pouvoir confédératif, la paix & la guerre, les impôts, les fortifications, lui avoient été ravis, uniquement par l'attention des Confeils inférieurs à ne point porter ces matières au Confeil General, & à faire taire par les voyes les plus violentes, tout Citoyen qui ofoit revendiquer ces précieufes prérogatives. Si les Citoyens & Bourgeois n'oppofent vigilance à vigilance, s'ils n'empêchent par des repréfentations faites à propos, que les Confeils inférieurs, en fuivant une marche retrograde, ne remontent au degré de puiffance dont les Illuftres Médiateurs les ont fait defcendre ; il ne reftera plus aucun moyen pour conferver les droits & prérogatives qui nous ont

ont été restitués. Mais cette seule ressource ne deviendra-t-elle pas nulle, si le Petit Conseil peut mettre les représentations à néant par un *il n'y a pas lieu*? Si les Conseils avoient avancé à si grands pas dans leurs usurpations, lorsqu'ils ne pensoient pas même à parler d'un droit négatif, quels ne seroient pas les progrès du Petit Conseil lorsqu'il auroit ce droit pernicieux? Quelles nouvelles forces ne lui donnerions-nous pas? Avec quelle rapidité ne verrions-nous pas revenir les tems malheureux dont l'Illust. Médiation a voulu nous préserver pour toujours?

L'Anonyme dit (107) *qu'il a falu composer le Gouvernement de diverses Puissances, qui se balançant l'une l'autre, pussent se contenir mutuellement.* Ce principe est le nôtre. Le Petit Conseil a la Puissance exécutive, il est le corps représentatif de la Seigneurie, il commande la Garnison; la Bourgeoisie même ne peut prendre les armes que par ses ordres; il est le Juge des matières criminelles presque en dernier ressort, puisqu'on ne peut recourir au 200 que par grace. En un mot il a entre ses mains le dépôt de toutes les forces de l'Etat, & il est chargé de l'administration ordinaire de toutes les affaires de la République. Il a au-dessus de lui les Conseils des Soixante, des Deux-Cents, & le Conseil Général; mais ces Conseils ne peuvent s'assembler que par la convocation, & n'ont nulle activité que celle qu'il leur donne. Voilà ses pouvoirs qui sont bien étendus; en voici le contre-poids.

1°. Ce Conseil est présidé par Messieurs les Sindics, & ne peut agir que sous leur autorité.

2°. Ces Chefs de l'Etat ayant seuls le pouvoir de commander, eux seuls peuvent faire exécuter les Arrêts du Conseil.

3°. Messieurs les Sindics prêtant serment en Conseil General *de maintenir & défendre de tout leur pouvoir les droits & les libertés de la Ville*, doivent s'opposer à toute délibération contraire aux Loix.

4°. Mais

4°. Mais comme il peut arriver que par foibleſſe, par ignorance, ou pour augmenter les Droits d'un Corps dont ils demeurent Membres après être ſortis du Sindicat, ils lui laiſſent faire des entrepriſes d'uſurpation ; la loi a créé chaque Citoyen ou Bourgeois Gardien des Loix, & de la Conſtitution. Les repréſentations qu'elle lui donne le droit de faire, ſont le frein qu'elle oppoſe à toute innovation, à toute infraction des Edits.

Mais ſi l'Autorité du Conſeil eſt indépendante de celle des Sindics, ſi les Repréſentations n'ont d'autre valeur & d'autre efficace que celle qu'il plaira au Conſeil de leur accorder, où ſera cette *Puiſſance* qui *balançant* celle du Conſeil, pourra *la contenir* ? Sera-ce le pouvoir négatif que l'Anonyme confeſſe (145) *qui peut être le moyen de perpétuer les abus que le Conſeil auroit introduits?*

(108) *S'il eſt dans la nature que l'Autorité cherche à s'étendre, il n'eſt pas moins dans la nature qu'on cherche à ſe ſouſtraire à l'Autorité ; car en général*

les

les hommes craignent encore plus d'obéir qu'ils n'aiment à commander.

Je penſe au contraire que les hommes ſont plus enclins à fléchir ſous le joug qu'à le ſecouer. Si la maxime de l'Auteur étoit vraye, tant de Peuples gémiroient-ils ſous le plus dur eſclavage? Ah! S'il eſt une Nation où les Particuliers aiment à vivre tranquillement, à obéir à l'Autorité légitime ; une Nation qui porte un grand reſpect à ſes Magiſtrats ; nous pouvons le dire avec confiance c'eſt la notre. Tous les ordres & juſques à la populace ſe diſtinguent par ſon amour pour la ſubordination. Nous n'avons qu'un ſeul exemple de nos jours d'une eſpèce de tumulte de ſa part. En 1749 la Chambre des bleds augmenta le prix du pain à la veille des plus gros marchés ; ce qui fit hauſſer ſubitement le prix du bled d'un Ecu par coupe. Cette émeute, que des menaces hors de ſaiſon rendirent plus conſidérable, & qui auroit produit les plus affreux déſordres dans tout autre pays, fut apaiſée par les exhortations pathétiques du Paſteur du quar-

quartier, & par les bons Offices de quelques Citoyens.

Les Citoyens & Bourgeois font d'ailleurs fi faciles, fi enclins à une confiance prefque fans bornes, qu'il faut les contraventions les plus marquées pour les réveiller. En voici un exemple.

Ils ont toûjours eu le droit de faire venir des vins étrangers pour leur ufage. Le Réglement de l'Illuftre Médiation le leur a confirmé par l'article 34 portant, *qu'ils conferveront le droit qu'ils ont eu de tout tems d'acheter pour leur ufage particulier des vins étrangers, dont l'entrée eft permife en cette Ville.* Cependant on n'a pas voulu leur permettre de les retirer des halles, fans fe pourvoir auparavant d'une permiffion du Sindic de la chambre des Vins ; comme s'ils étoient obligés de demander l'ufage d'un droit que leur naiffance leur a acquis, & qui par cela même qu'ils demandent la permiffion de s'en fervir pourroit leur être refufé, à moins qu'on ne prétende que cette adftriction n'a d'autre but que de les afservir à une formalité vaine & contraire

traire à toute idée de liberté. Ils ont eu la bénignité de s'affujettir jufques ici à cette reftriction faite au Réglement des Illuftres Médiateurs ; & ils n'auroient peut-être jamais penfé à s'en délivrer, fi des queftions indifcrètes adreffées à quelques-uns d'entr'eux, ne leur avoient donné à connoître le rifque que l'on court de compromettre fes droits par une condefcendence inutile. Auffi font-ils bien réfolus à ne plus faire cette foumiffion qui eft une marque de fervitude.

(110) *Comme il n'y auroit point de Liberté dans un Etat où le corps chargé de l'exécution des Loix auroit encore le droit de les faire, puifqu'il feroit exécuter comme des Loix fes volontés les plus tyranniques; il n'y auroit point auffi de Gouvernement dans un Etat ou le Peuple exerceroit fans règle la puiffance Légiflative, puifqu'à chaque inftant il pourroit détruire par fes Loix le Gouvernement.*

Cela eft vrai: les années 1707 & 1718 nous inftruifent de la facilité qu'a *le Corps chargé de l'exécution des Loix; de faire exercer ces volontés les plus tyranniques,*
lorf-

lorsqu'il s'attribue *le droit de faire les Loix*, ou, ce qui revient au même de les interpréter. Mais il n'eſt pas à craindre chez nous que la Puiſſance légiſlative détruiſe le Gouvernement, parce que les articles 5 & 6 du Réglement de l'Illuſtre Médiation empêchent que le Peuple *n'exerce ſans règle la Puiſſance Légiſlative*, & que, lors même que le Conſeil General ſeroit aſſemblé ſur des Repréſentations mal fondées, les Conſeils inférieurs devant *traiter* auparavant la matière, & *approuver* la queſtion à porter au Conſeil General, il eſt à préſumer qu'ils porteront à la ſanction du Peuple l'avis le plus ſalutaire, & qu'une matière diſcutée d'avance dans les divers Conſeils, & ſoumiſe à l'examen des Citoyens avant l'aſſemblée du Conſeil General, ſera enviſagée ſous toutes ſes faces. Ainſi la déciſion d'un Peuple qui *doit être diſtingué des autres, parce qu'il a plus de patriotiſme, plus de ſang froid & beaucoup plus de lumières* (154), guidé *par les directions du Conſeil*, ne peut être que la déciſion la plus ſage, la plus utile, conforme en un mot à celles qu'il a données toutes les fois qu'il a été consulté.

(III) *Chaque particulier conservant l'espérance délicieuse pour l'amour propre, de faire passer en Loix ses vûes ou ses fantaisies, il est visible que les passions y étant toûjours allumées, & l'ambition dans une action continuelle, ce Gouvernement seroit bientôt détruit par la rapidité & l'irrégularité de son mouvement.*

A entendre l'Anonyme, on diroit que les Citoyens & Bourgeois demandent que le Conseil General soit assemblé, sans que les matières ayent été auparavant *traitées & approuvées* dans les autres Conseils. Qu'entend-il donc par *la rapidité & l'irrégularité* qu'il suppose au *mouvement* de la machine politique ? Répondons lui par ses propres expressions, *qu'on doit prendre des précautions contre un danger vraisemblable, mais non pas contre un danger simplement possible, parce qu'on ne peut assigner aucun terme aux possibilités.* Nous redoutons les conséquences du droit négatif, parce qu'une longue expérience de l'abus d'un pouvoir sans bornes, nous
a apris

a apris que cet abus étoit plus que poſſible. Mais le Conſeil General fit-il jamais un mauvais uſage de ſes prérogatives ? Lors même qu'il étoit convoqué *rectà* ; qu'on y délibéroit de toutes les matières, le vit-on former une réſolution contraire au bien Public ? Toutes ſes déterminations n'étoient-elles pas marquées au coin du bon ſens, de l'amour pour l'ordre & pour la Juſtice ? N'a-t-il pas été dans le cas d'intervenir entre les deux Conſeils pour calmer leurs paſſions réciproques ? L'Anonyme ne veut pas ſans doute nous faire croire que toutes les lumières, tout le Patriotiſme ſont renfermés dans le Petit Conſeil, & qu'il connoîtra mieux ce qui convient à l'intérêt public qu'un Conſeil de 1500 perſonnes ? Si le Conſeil General eut été conſulté ſur l'entrepriſe des fortifications, penſez-vous qu'il eut approuvé le plan ruineux que les Conſeils ſuivirent ? Si en l'aſſemblant au ſujet du traité avec un Prince voiſin, on lui eut communiqué quelques ſemaines à l'avance la diſpoſition du traité, n'eut-il pas prévenu nu la difficulté qui s'eſt élevée depuis lors ? Leçon importante, & qui nous aprend à examiner par nous - mêmes. Il faloit cet événement pour nous ouvrir les yeux; & nous faire comprendre qu'il n'eſt ni de la ſureté, ni de la dignité d'un Conſeil Souverain d'approuver des propoſitions au moment qu'on les lui préſente; que chaque Citoyen doit avoir la faculté d'en faire l'examen, & que ſa maxime conſtante doit être de rejetter purement & ſimplement toute propoſition, tout traité, quelque ſimple qu'il puiſſe paroître, qui n'aura pas été ſoumis à ſa délibération pendant pluſieurs ſemaines, & par la voye d'un imprimé.

L'Anonyme parle (117) du pouvoir des Rois d'Angleterre, qui eſt balancé *parce qu'ils ne ſauroient ſe paſſer longtems de la Puiſſance législative, & qu'il n'y auroit pas de ſureté pour lui à appeller une Puiſſance irritée.*

Sans m'arrêter à l'immenſe diſproportion des deux Etats, je remarque, qu'il n'y a nulle parité entre la poſition des Rois d'And'Angleterre & celle de notre Petit Conseil. Sans Parlement point de finances dans le Gouvernement Britannique. Le nôtre en a de fixes, établies à perpétuité, & qui par un effet de l'augmentation des richesses, deviennent de jour en jour plus considérables ; d'où il résulte que le Petit Conseil peut à cet égard aller son train, sans se mettre en peine d'irriter le Conseil General ou de lui plaire. Le Parlement Anglois a la voix délibérative ; il propose & agite indépendamment de la volonté du Roi toutes les questions qu'il lui plait, mais notre Conseil General ne peut rien proposer, il n'est convoqué que pour répondre aux questions des Sindics & Conseils, par aprobation ou rejection.

L'Anonyme avoue (118) *qu'il y a des Constitutions où le droit négatif, s'il étoit placé dans le Gouvernement, pourroit tourner à l'oppression. Cela arrivera, lorsque la Constitution lui aura accordé un pouvoir trop étendu & trop indépendant.* Que d'aveux l'Auteur n'est-il pas obligé de faire pour n'avoir pas l'air de prêcher l'esclavage à ses Concitoyens ! Mais encore une fois, qu'elles sont les bornes des pouvoirs d'un Conseil dont *l'autorité n'est limité nulle part*; qui a une Puissance indépendante du Souverain, qui n'attend rien de lui, qui n'a aucun compte à lui rendre ? L'Anonyme parle des *maximes* du Conseil ; il dit *qu'il a à répondre de sa conduite*; il cite les grabeaux du 200. Mais peut-on présenter de bonne foi cela comme des contrepoids à une autorité *qui n'est limitée nulle part*? Accordez au Petit Conseil le droit négatif ; & qu'il n'assemble plus celui des Deux-Cents ; Tout sera fait.

Vous avez déja pu remarquer, Monsieur, par les faits historiques combien d'attributions le Petit Conseil s'est arrogées au préjudice des droits du Deux-Cent, & que s'il l'assemble encore en des jours fixes, c'est par une suite de la fermeté des Membres de ce Conseil & du Procureur General en 1604. En vain, hélas ! ces vertus auroient-elles brillé alors, si le Petit Conseil eut déja fait la découverte du droit négatif.

Par

Par les Arrêts du Deux-Cent du 24°. Février & du 4°. Mars 1603, le Petit Conseil devoit traiter & faire discuter ensuite en 200 toutes les propositions qui y sont faites. La Médiation a resserré ce droit du 200 en statuant que toutes les questions seroient non-seulement *traitées* mais encore *approuvées* en Petit Conseil. On sait l'usage que celui-ci fait de cette condition. Toutes les propositions sont enrégistrées pour être prises *ad referendum*; nous nous en raportons au témoignage des Membres du Deux-Cent sur leur efficace.

Par le pouvoir que le Conseil General attribua au Conseil des Deux-Cents, lors de son établissement, dans l'Edit du 8°. Février 1534, & par les Arrêts du 4°. Mars 1604 & du 9°. May 1606, les Réglemens de toutes les professions & Maîtrises de la Ville apartenoient au Conseil des Deux-Cents. Combien lui en reste-t-il aujourd'hui?

En Octobre 1689 le Petit Conseil ayant condanné un homme à la mort, commua cette peine en celle du fouet public. Sur les Plaintes du Procureur General, il fut dit que cette procédure étoit irrégulière, & ne tireroit à aucune conséquence en faveur du Petit Conseil. Mais si l'on eut laissé passer cet exemple, ne seroit-il pas devenu un usage pour enlever au 200 le droit de faire grace?

En 1697 nous aurions perdu le chemin des Vernets par la cession qu'en avoit faite le Petit Conseil, si les Citoyens & Bourgeois ne s'y fussent opposés en grand nombre, & par de fréquentes démarches auprès du Procureur General.

En 1713 le Petit Conseil vendit à Messieurs de Berne, sans le communiquer aux Deux-Cents, les fonds que l'Hôpital possédoit à Aubonne, ce qui excita de grandes plaintes dans l'assemblée de ce Grand Conseil du 1er. May de la même année.

Monsieur Louïs Lefort Procureur General en 1715 ayant parlé dans le Deux-Cent en faveur des Représentations des Citoyens & Bourgeois au sujet des impôts, on le fit sortir avec ses parens pour

pour délibérer sur son compte, & il fut flétri sur le Régître.

En 1726 le Petit Conseil céda à Messieurs de Berne sans le communiquer aux Deux-Cents ni au Conseil Général, la Seigneurie de Bossay, & la partie de celle de Céligny dès le dessus du grand Chemin jusqu'au Lac.

Quel cas le Petit Conseil fait-il de l'Edit de 1635? Combien n'a-t-il pas introduit dans le Conseil des 200 d'Officiers au service des Puissances étrangères, & qui en retirent des *pensions*, *gages* ou autres *récompenses*, ce que cet Edit défend *sous quelque prétexte ou occasion que ce soit*?

Le Petit Conseil ayant nommé en 1704 Mr. David Quizard Seigneur de Cran pour Membre du Conseil des 200, celui-ci en murmura beaucoup au Grabeau & se disposoit à l'exclure à cause du Serment de Vassal, lorsque Mr. le Premier Sindic prenant la parole dit que ce Seigneur ne tarderoit pas à se défaire de sa terre; mais Mr. Quizard l'ayant conservée le Petit Conseil pensa en 1708 à le rayer du rôle, & ne l'y laiſſa qu'en lui faiſant faire ſa ſoumiſſion de ſe retirer du Conſeil toutes les fois qu'il s'y traiteroit quelque queſtion rélative au Canton de Berne. Si nos Pères qui firent cet Edit ſi ſage de 1635 voyoient le rôle du 200, que penſeroient-ils & du Petit Conſeil qui élit, & du 200 qui grabelle, & des Citoyens & Bourgeois qui ſouffrent patiemment tant d'infractions à la Loi ?

Quelques Membres du Deux-Cent ayant critiqué en 1726 les Réglemens que le Petit Conſeil avoit faits ſur la Boucherie & ſur la Sagatterie, furent traités en plein 200 de ſéditieux & de criminels d'Etat par des Membres du Conſeil Ordinaire.

Qu'on jette les yeux ſur le Régître des Deux-Cents du 4e. & du 5e. Juillet 1731, au Sujet du plan des fortifications ; & on verra quels égards le Petit Conſeil eut dans toute cette affaire pour celui des Deux-Cents.

Il eſt vrai que tous ces faits ſont antérieurs au Réglement de l'Illuſtre Médiation ; & ſi Elle n'a pas reſtitué au Deux-

Deux-Cent tant de droits qui lui apartenoient, il ne faut pas s'en prendre à la négligence des Citoyens & Bourgeois. Le 200 devoit les réclamer ; s'il ne l'a pas fait dans une époque aussi favorable, ne cherchons pas d'autre preuve de sa foiblesse.

Il fait le grabeau du Conseil! Donna-t-il jamais quelque marque décisive de son ressentiment contre les Membres qui le composoient, lorsque ce Conseil lui donnoit tant de sujets de plaintes légitimes ?

L'Anonyme s'attache (126) à refuter un morceau d'un manuscrit peu répandu, & il essaye de prouver que suivant les principes de cet écrit il n'est aucune proposition, quelque ridicule qu'elle fut, qui ne dût être portée au Conseil General. Il seroit aisé de lui repliquer ; mais comme il convient en même tems qu'on ne peut pas tirer les mêmes conséquences des Représentations ; je suis dispensé de répondre à tout ce qu'il dit sur ce sujet.

Toute Représentation tendante à faire des changemens à la Loi, à contracter de nouvelles alliances, à établir de nouveaux impôts &c. doit tomber, si le Magnifique Conseil ne l'approuve pas; c'est ce que nous n'avons jamais contesté. Mais si le Conseil faisoit quelque traité avec une puissance étrangère, & qu'on lui adressât une Représentation tendante à le faire porter au Conseil General, seroit-il fondé à la rejetter, sous prétexte qu'il ne doit rien être *porté au Conseil General, qui n'ait été auparavant traité & approuvé dans le Conseil des Deux-Cents?* Quelle que soit l'étendue qu'on puisse donner aux termes de cette Loi, les Conseils seroient indispensablement obligés de renoncer au traité, ou de le porter au Conseil General. De même, lorsque le Petit Conseil a jugé Monsieur Rousseau contre la disposition formelle de l'article 88 de l'Ordonnance Ecclésiastique, & sur le seul fondement que le mot *dogmatiser* ne lui étoit pas applicable, parce qu'il avoit dogmatisé par écrit; lorsqu'il a prétendu pouvoir emprisonner *sans aucune adstriction ni condition* contre la disposition précise des Franchises, & de l'article qui ordonne aux Sindics de *mander*

der *examiner & interroger* auparavant ; enfin, lorsqu'il a établi des Tribunaux fans Sindics, contre la Loi qui dit, *Que les Sindics & Conseil soient Juges de toutes causes criminelles comme d'ancienneté* : tous ces Actes sont nuls de plein droit n'étant fondés que sur *des changemens aux Loix établies, qui ne peuvent avoir d'effet qu'auparavant ils n'ayent été approuvés par le Conseil General*, suivant l'article 13 du Réglement de l'Illustre Médiation, & la disposition de nos autres Loix.

Je dirai encore sans craindre la critique d'aucun Citoyen éclairé & vertueux, qu'une Représentation qui tendroit à faire de nouvelles Loix au sujet des vins, pourroit être rejettée, si le Petit Conseil, après l'avoir *traitée* ne l'approuvoit pas ; mais que l'article 7 du Réglement fait en 1739 par le Conseil des Deux-Cents sur la Chambre du Vin, doit être reputé nul, & même attentatoire à l'autorité du Conseil General, jusques à ce qu'il l'ait approuvé ; parce que ce Réglement portant, *Si néanmoins quelques Particuliers désirent de faire venir des Vins étrangers pour leur usage, ils doivent s'adresser à la Chambre du Vin, soit au Président pour avoir permission par écrit de les introduire dans la Ville*, est une restriction manifeste à l'Edit Souverain, qui statue simplement, que *les Citoyens Bourgeois, Natifs & Habitans conserveront le droit qu'ils ont eu de tout tems d'acheter, seulement pour leur usage particulier, des vins étrangers dont l'entrée est permise dans cette Ville* (*).

Voilà

_____

(*) J'aprends aujourd'hui 29 Décembre 1764, qu'un Citoyen ayant requis Messieurs les Sindics qu'il leur plût ordonner à la Douane de lui délivrer une piéce de vin étranger moyennant le payement qu'il a fait du droit d'éntrée, & sans être adstraint à en demander la permission à Mr. le Sindic de la Chambre du vin, le Petit Conseil en a opiné, & a déclaré que l'article 34 du Réglement de l'Illustre Médiation que l'on reclamoit n'étoit applicable *qu'aux vins étrangers dont l'entrée est permise en payant six sols par sétier.*
Suivant cette interprétation, l'Illustre Médiation n'auroit eu en vue que le vins du Pays de Vaud, de Savoye, de Franche-Comté, du Pays de Gex & du Bugey. Telle est la spécification portée par l'article 6 du Réglement même de la Chambre du vin fait en CC en 1739. Mais l'article 7 de ce Réglement nous aprend que ces vins là ne sont pas reputés étrangers. *Tous les autres vins que ceux des Lieux désignés dans l'article précédent*, y est-il dit, *sont reputés vins étrangers.*

Voilà, Monsieur, les vrais principes. L'Anonyme ne les ébranlera point en disant (129) que, *si forçant une fois la barrière*

Donc ceux de l'article précédent ne sont pas *reputés Vins étrangers*. Et comme la Médiation parle expressément *des Vins étrangers*, elle ne peut avoir eu en vûe ceux de nos environs, qui quoique *perçus en Pays étrangers* ne sont pas *reputés Vins étrangers*. En effet le Conseil Général même ne pourroit pas en interdire l'entrée sans renoncer à la liberté réciproque du commerce qu'il y a entre ces Provinces & la République.

Que signifieroit pour ces Provinces la libre entrée de leurs Vins dans notre Ville, si les particuliers n'avoient pas le droit de l'acheter?

Prétendre donc que les Illustres Médiateurs en nous conservant le droit d'acheter *des Vins étrangers*, ne nous ont conservé que le droit d'acheter des Vins dont personne ne pouvoit défendre la vente, & qui ne sont pas dans la Classe *de ceux reputés étrangers*, c'est encore une de ces interprétations qui ne peuvent être soutenue que par le Droit négatif.

Voici le précis du raisonnement du Magnifique Conseil. ,, La Loi reclamée n'est applicable qu'aux ,, Vins étrangers dont l'entrée est permise en payant ,, six sols par setier. Donc l'entrée de tous les autres ,, Vins est défendue. Cependant demandez permission ,, à Monsieur le Sindic de la Chambre du Vin d'en ,, faire entrer, & il vous l'accordera. Elle ne se refuse point. ,,

Lorsqu'on me dit que l'entrée des autres Vins est défendue je pense que c'est par une Loi. Eh! Depuis quand Messieurs les Sindics ont-ils le pouvoir de dispenser quelcun de l'observation des Loix, eux qui jurent de les *maintenir, garder & défendre de tout leur*

pou-

rière du droit négatif, on laissoit un champ libre au jeu de l'imagination, il n'y a point de Loi si claire & si sainte qu'avec un peu de

pouvoir? Envain viendroit-on nous opposer ici le droit négatif; Messieurs les Sindics n'ont pu permettre à personne l'entrée des Vins qui étoient défendus. Ils l'ont permise parce qu'ils ne pouvoient la refuser, parce qu'elle s'accordoit toujours depuis l'Arrêt du CC du 16 Septembre 1715 qui avoit prétendu défendre l'entrée de ces Vins. On ne peut pas nier qu'elle s'accordoit constamment avant la Médiation; & on n'osoit pas la refuser parce qu'on craignoit de porter les C. & B. (quoique dans un tems d'opression) à se plaindre d'un Réglement qui génoit leur liberté naturelle; qui n'auroit pu avoir d'effet que comme Loi, & que ce n'en étoit point une, puisqu'en 1707 & en 1712 il avoit été statué *qu'aucune Loi ou changement à l'Edit n'auroit force qu'il n'eut été aprouvé en Conseil Général.*

Aucune Loi donc n'interdisoit l'entrée des Vins étrangers au tems du Réglement de l'Illustre Médiation: mais par une suite des entreprises des Conseils sur les droits du Peuple on étoit obligé de se pourvoir d'une permission. Les Plenipotentiaires ont enlevé cette sujettion en nous remettant dans l'état où nous étions avant l'arrêt de 1715, puisqu'ils ont réglé, ou plutôt le Conseil General a statué d'après eux, que *les Citoyens Bourgeois Natifs & Habitans conserveront le droit qu'ils ont eu* DE TOUT TEMS *d'acheter seulement pour leur usage particulier des Vins étrangers.* Or en 1704 nous l'avions incontestablement sans restriction; & la preuve s'en tire d'un Arrêt du 200 du 16ᵉ. Septembre 1704, qui s'exprime ainsi. » Lecture » faite de l'avis de Nos Seigneurs du P. C. que com- » me on a fait venir en cette Ville des Vins étrangers,

outre

de subtilité on ne pût ébranler, ni de *chimères revoltantes qu'un esprit bizarre ne pût proposer au Conseil Général.*

On

» outre ceux du *voisinage & de Choutagne*, on les charge
» de cinq florins d'entrée par sétier avec défense d'en
» négocier, permettant seulement d'en faire venir pour
» son usage. » Le 200 porta l'entrée à un Ecu, *sous cette expresse condition, qu'il ne sera permis de faire venir de ces sortes de vins étrangers que pour son usage seulement.*

Le 6e. Octobre suivant, l'impôt d'un Ecu fut suprimé sur les plaintes des C. & B. Trouve-t-on dans ces Arrêts aucune trace de permission à demander pour retirer *ces vins étrangers ?*

Il est donc certain 1°. Qu'en 1704. nous avions le droit de tirer des Vins étrangers pour notre usage, & sans en demander la permission.

2°. Qn'en 1707 & en 1712 il fut statué qu'aucune Loi ou changement à l'Edit n'auroit lieu qu'il n'eut été approuvé en Conseil Géneral.

3°. Que l'Arrêt de 1715 n'a point été porté à ce Souverain Conseil, & par conséquent étoit nul de plein droit.

4°. Que l'adstriction à laquelle on soumettoit les particuliers ensuite de l'Arrêt de 1715, étoit une nouveauté contraire à l'Edit de 1707 & 1712, & qui a été suprimée par le Réglement de l'Illust. Médiation qui nous a remis *dans le droit que nous avons eu de tout tems.*

5°. Que le terme même du Réglement de la Médiation qui nous conserve le droit des *vins étrangers,* comparé avec l'article 7e. de l'Arrêt du 200 qui désigne les vins qui *sont reputés étrangers,* ne permet pas d'apliquer le Réglement aux vins des Provinces voisines dont on n'avoit pu même défendre l'entrée.

6°. Que

On peut retorquer l'argument d'une manière bien simple, en difant que *si forçant une fois la barrière* des Repréfentations, *on laiffoit un champ libre au jeu de l'imagination, il n'y a point de Loi si claire & si simple qu'avec un peu de subtilité on ne pût ébranler*, lorfqu'à la liberté qu'on s'attribue de les expliquer, on ajouteroit la faculté d'y oppofer des Réglemens; & qu'on s'étayeroit encore du droit négatif.

Le Confeil Général ne confie l'Autorité aux principaux Magiftrats, qu'à la charge de porter & faire porter dans les différens Confeils les matières qu'il s'eft ré-

---

6°. Que Meffieurs les Sindics depuis la Médiation, & en remontrant jufques en 1715, ont conftamment permis l'entrée *de ces vins étrangers*, & que comme ils n'ont jamais eu le droit de rendre licite ce que la Loi défendoit, on ne peut fe difpenfer de reconnoître que l'entrée en a toûjours été permife.

La conféquence néceffaire eft que nous devons les retirer comme avant 1715, comme *de tous tems*, fans être affujettis à demander aucune permiffion.

Qu'on n'objecte pas la néceffité d'en empêcher le commerce, puifqu'il n'eft perfonne qui ne fache que tous les Vins étrangers font enrégiftrés dans un livre, par celui qui retire le droit d'entrée, & que la Chambre des Vins peut en tout tems y recourir.

réfervées. *Quoi, Monfieur,* s'écrie l'Anonyme (132) *fans les Confeils ou malgré les Confeils!*

Expliquons-nous, puis que l'Auteur nous y invite. L'Edit de 1707 ftatue que les Citoyens & Bourgeois pourront remettre leurs Repréfentations à Monfieur le Procureur General, ou à Meffieurs les Sindics *qui ont la direction & le Gouvernement de l'Etat.* Quand les Repréfentations ont pour objet des propofitions tendantes à quelques changemens pour l'utilité publique, Meffieurs les Sindics font obligés de les porter au Confeil, qui a le droit de les aprouver ou rejetter. Mais s'il s'agit de plaintes au fujet de quelque infraction à la Loi, ils peuvent & doivent en ordonner le redreffement; parce que l'exécution du ferment qu'ils ont prêté au Peuple *de maintenir & défendre les Loix,* ne fauroit dépendre de la volonté du Petit Confeil, qui n'a pas l'autorité de les difpenfer de l'exécution de leur ferment. Que fi, comme dans le cas des Repréfentations qui nous occupent, ce Confeil refufant d'y fatisfaire

faire en ce qui le concerne, la question doit être traitée & approuvée pour être portée au Conseil supérieur, & que le Petit Conseil ne veuille pas l'approuver; alors Messieurs les Sindics, suivant la pratique de divers de leurs devanciers, sont obligés de protester contre cette résolution, & d'en rendre compte au premier Conseil Général, lequel étant au-dessus de tous les Conseils, peut seul pourvoir d'une manière efficace à ce cas que la Loi n'a pas prévû. Les Citoyens & Bourgeois se reposant avec une entière confiance sur la sainteté des Loix, & du serment que prêtent Messieurs les Sindics, de les *maintenir garder & défendre de tout leur pouvoir*, sont déterminés à ne plus recevoir de réponses des Conseils sur celles de leurs Représentations, qui n'auront pour objet que des plaintes & le redressement de quelque grief; leur suffisant de requérir de Messieurs les Sindics l'observation des Loix, & ne voulant pas la faire dépendre de la volonté d'un Conseil, que l'on nous dit avoir une autorité indépendante de celle du Souverain, dont Messieurs les Sindics sont

les

les dépositaires; d'un Conseil qui, dans ce principe, pourra se mettre au-dessus de la Loi.

(158) *Je ne sais pourquoi le Peuple voudroit priver le Conseil de sa voix négative, parce encore une fois, que quand il ne s'agira point entr'eux de compétence, ou de bornes à donner à l'autorité de la Magistrature, l'intérêt des Magistrats se confond avec l'intérêt du Peuple.*

Et moi je ne sais pourquoi il faudroit accorder la voix négative au Conseil, quand il s'agira de la compétence ou des bornes de ses pouvoirs. *Le bien du tout*, dit Mr. Burlamaqui (*), *est le véritable bien : celui d'une des parties opposé au bien du Tout, n'est qu'un bien apparent, & par conséquent un vrai mal.* Si l'intérêt du Peuple pouvoit se confondre dans tous les cas avec celui du Petit Conseil, le prétendu droit négatif seroit *le bien du Tout*; mais comme ils se trouvent en opposition dans les cas qui nous divisent aujourd'hui, c'est *le bien*

(*) Droit Naturel, première partie, Chap. 5. §. 6.

bien d'une des parties opposé au bien du Tout, & par conséquent un vrai mal.

(167) Mettez la voix négative dans le Corps qui est lui-même placé entre le Gouvernement & le peuple, vous y trouverez des inconvéniens sans nombre. L'autorité du Gouvernement pourroit glisser insensiblement, & passer toute entière dans ce corps intermédiaire. Quelque opinion qu'on doive avoir de la sagesse d'un Conseil composé de l'élite de la nation il seroit toûjours imprudent de lui donner des tentations trop vives. On pourroit lui adresser des propositions qui mettroient en compromis les droits du Petit Conseil; Il pourroit donc l'en dépouiller légalement en les portant au Conseil Général.

Admirez, Monsieur, la force de la prévention de l'Anonyme en faveur du Petit Conseil. Il s'agit du droit de rejetter les Représentations, ou de la nécessité de les porter au Conseil Général; & à cet égard, quel intérêt auroient les Citoyens & Bourgeois à faire des Représentations pour dépouiller le Petit Conseil de ses droits en faveur du Deux-Cent

Cent ? Par quelle bizarrerie arriveroit-il que le Conseil Général, placé alors entre ces deux Conseils inférieurs, consentit à ôter au Petit Conseil ses attributions légitimes, pour les transférer à celui des Deux-Cents ?

Certainement *il seroit dangereux de donner des tentations trop vives au Conseil des Deux-Cents.* Cependant il ne peut s'assembler sans être convoqué par le Petit Conseil, lequel en fait partie, à l'insçu duquel il ne peut rien entreprendre. Le Petit Conseil au contraire s'assemble de lui-même, & le Deux-Cent ne connoit de ses délibérations que celles qu'il veut bien lui communiquer.

Il seroit dangereux de donner des tentations trop vives au Conseil des Deux-Cents. Cependant il ne peut rien être porté en Deux-Cent, *qu'auparavant il n'ait été traité & approuvé dans le Conseil des Vingt-cinq.* Le Petit-Conseil délibère de tout à droiture, & sans avoir besoin de l'approbation d'aucun autre Corps.

Il seroit dangereux de donner des tentations trop vives au Conseil des Deux-Cents, parce que s'il abusoit de son droit, l'abus ne pourroit être redressé que par des moyens violens! Cependant Messieurs les Sindics président dans ce Conseil comme dans celui des 25, auquel ils sont naturellement plus attachés, & ils peuvent empêcher toute déliberation contraire aux Loix, refuser l'autorité nécessaire à l'execution des arrêts du 200; & si malgré cette puissante barrière, ce Conseil trouvoit le moyen d'abuser de son droit, Mrs. les Sindics, qui sont les seuls appellés à porter la parole au Conseil General, auroient la faculté de l'instruire des entreprises de celui des 200, & de lui demander l'autorité nécessaire pour le reprimer sans recourir à *des moyens violens.* Mais dans le sistême du Petit Conseil & de l'Anonyme, en vertu du droit négatif, le Petit Conseil pourra admettre toute proposition tendante à dépouiller le Deux-Cent & le Conseil General de de leurs droits, & ni l'un ni l'autre n'aura le pouvoir de s'y opposer.

Il

Il seroit dangereux de donner des tentations trop vives au Conseil des Deux-Cents. Cependant ce Corps ne s'assemble réguliérement qu'une fois par mois ; plusieurs de ses Membres ne demandent des Droits du Deux-Cent que l'honneur d'y siéger : plus occupés de leurs affaires particuliéres que des intérêts de leur Corps, cent cinquante à deux cent personnes auroient beaucoup de peine à se concerter pour envahir les droits du Petit Conseil. Celui-ci s'assemble réguliérement quatre fois par semaine, & plus souvent, s'il le veut ; il n'est composé que de vingt-cinq Membres uniquement occupés des affaires d'Etat, & entre lesquels il est mille fois plus facile de concerter une entreprise, d'en garder le secret, de l'avancer à grands pas, de la consommer même avant que le Deux-Cent en ait connoissance.

Comparez, Monsieur. *Il seroit dangereux*, l'Anonyme l'avoue, *de donner des tentations trop vives au Conseil des Deux-Cents.* Donc il seroit infiniment plus dangereux d'en donner de trop vives au

Conseil des Vingt-cinq. L'Anonyme doit en convenir, ou nous prouver que le Conseil des Vingt-cinq est une assemblée de Dieux.

L'Anonyme reconnoit que ce sont *des hommes sujets à l'erreur*. Il conviendra sans doute aussi qu'ils sont sujets à des passions aussi vives que les Membres du Deux-Cent. Mais en soutenant son sistême de l'autorité des Sindics qui *va se perdre dans le Tribunal* & qui y existe en l'absence de ces Chefs, il nous représente les Conseillers comme égaux aux Sindics. Il n'est pas le seul dans ce sistême ; si vous en voulez une preuve, vous la trouverez dans les Publications qui se font simplement, & depuis quelque tems, *de la part de nos Magnifiques & très Honorés Seigneurs*, par où l'on fait disparoître l'idée de la prééminence des Sindics. Nous en avons ouï trois pareilles dans ce mois de Décembre, à l'occasion d'une ferme. Vous la trouverez dans la réponse du Conseil aux Représentations du mois de Novembre 1763, dans laquelle on a affecté de faire marcher Monsieur

fieur le Tréforier de pair avec les Seigneurs Sindics, en difant, *le Seigneur Tréforier, les Seigneurs Sindics.* Vous la trouverez dans l'ufage introduit de prendre les armes & faire la parade aux portes de Rive & de Cornavin pour les fimples Confeillers, comme pour un Seigneur Sindic, ou pour Monfieur le Lieutenant. Toutes ces pratiques font des abus contre lefquels nous proteftons. Entr'autres, la parade que fait la Troupe, eft un hommage qui n'eft dû qu'à ceux qui repréfentent la Seigneurie, ou qui, comme Monfieur le Lieutenant, font élevés par le Confeil General à un degré éminent d'autorité. Un Confeiller a-t-il reçu du Souverain quelque pouvoir de figurer en fon nom ? a-t-il la moindre autorité ? Un Auditeur à cet égard ne lui eft-il pas fort fupérieur ?

Je me fuis étendu fur les faits hiftoriques pour ne pas me perdre avec l'Anonyme dans de vaines fpéculations, & je crois de n'avoir pas laiffé un feul de fes argumens fans replique. Ce n'eft qu'avec une extrême répugnance que je me suis déterminé à rappeller à mes Concitoyens plusieurs traits de notre histoire, qui prouvent combien les Conseils ont abusé de leurs pouvoirs avant les troubles de 1734, & par conséquent combien il seroit dangereux d'accorder à celui des Vingt-cinq un droit qui abattroit toutes les limites.

Il étoit d'ailleurs question de défendre les droits de la vérité, & de prouver que l'Anonyme se trompe lorsqu'il dit (137) que *sous l'administration des deux derniers Siècles chacun a pû cultiver en paix l'héritage de ses Pères, chaque Citoyen a été à l'abri des vexations & de la violence.*

Il s'agissoit de prouver contre l'Anonyme (146) que *l'existence du cas où le Conseil voudroit soutenir ses usurpations contre des Représentations légitimes, n'est pas souverainement improbable*, & que (165) *le moment où tranquille sur le débris des Loix, bravant les cris de la Nation, & abattant à ses pieds les droits des autres Corps de l'Etat, le Conseil rejettera avec fierté leurs Représentations &*
leurs

leurs plaintes, feroit *bien prochain & bien vraiſſemblable*, ſi on conſentoit à lui accorder le droit négatif, puiſque nous avons vû ce moment, lorſque, ſans parler de ce droit, on l'exerçoit ; & que nous gémirions actuellement ſous le joug, ſi l'Illuſtre Médiation ne nous en eut affranchis.

Il faloit faire connoître par l'expérience que bien que nos Magiſtrats, ſoient dignes comme particuliers de toute l'eſtime de tout le reſpect de toute la confiance de leurs Concitoyens, *quelque opinion qu'on doive avoir de la ſageſſe d'un Conſeil compoſé de l'élite de la Nation, il ſeroit toûjours imprudent de lui donner des tentations trop vives.* Il étoit néceſſaire de prouver cette maxime de Monteſquieu, parce qu'elle renferme une excellente leçon. *Que dans une République les diviſions ſont plus durables, parce que le mal attaque ordinairement la puiſſance même qui pourroit le guérir* (*)

En-

___

(*) De la grandeur & de la décadence des Romains, pag. 28.

Enfin il étoit nécessaire de démontrer que c'est sans raison que l'Anonyme représente le Corps de la Bourgeoisie comme pouvant être très facilement *ameuté* (*) que ce n'est pas d'elle qu'on peut dire (153). que *si vous en exceptez un petit nombre de sages, heureux avec eux-mêmes, & connoissant le prix d'une obscurité & d'un loisir qu'ils savent occuper, le reste, fatigué de son inaction, & tourmenté du désir de jouer un rôle sur ce theâtre ridicule du monde, se livre avec fureur aux tracas politiques, & y sacrifie souvent sa fortune & plus souvent son bonheur.* Personne ne reconnoîtra les Représentans à ce tableau. En général les Citoyens dans *l'inaction* sont des personnes riches, adonnées au luxe & à la mollesse, guidés par le désir de se distinguer, penseroient-ils à défendre les droits de la multitude ? Elle ne dispense ni les honneurs, ni les distinctions. Les Représentans au contraire pénétrés de respect pour les Loix Divines

---

(*) Pag. 3. lig. 10. de la 1e. édition, & pag. 2. lig. 29. de la seconde.

nes & humaines, honorant leurs Magiſtrats par une conſéquence *néceſſaire* de leurs principes, bons Citoyens, bons Pères, bons amis, au deſſus de tout reproche de la part de leurs Supérieurs, n'attendant aucune récompenſe de leurs Concitoyens, mais la portant en eux mêmes; & dans le délicieux ſentiment de faire leur devoir, ils ſont tous ou preſque tous livrés aux ſoins pénibles & aſſidus du commerce, de leurs profeſſions & de leurs familles. Pourquoi donc ſe portent ils à faire des Repréſentations & à les ſoutenir avec tant de conſtance & de fermeté ? Vous trouverez la réponſe à cette queſtion dans le diſcours du Procureur Général de l'an 1696 prononcé en Deux-Cent, & par lequel je terminerai ces lettres. (*)

,, J'a-

―――――

(*) Voici un morceau de l'excellent Auteur de l'Epitre au Peuple dans ſon ode intitulée le Tems, qui exprime bien les ſentimens dont tout Citoyen doit être animé pour la défenſe des libertés de ſa patrie.

,, Si je devois un jour pour de viles richeſſes
,, Vendre ma liberté, deſcendre à des baſſeſſes,

,, Si

"J'avouë que les plaintes des Citoyens "font dangereuses, & que cette humeur "qui les agite peut intéresser les parties "nobles de l'Etat. Mais il s'agit de sa- "voir si elles sont justes, & enfin, si "elles sont illicites.

"La Commission a été décernée pour "examiner la justice de leurs plaintes, "& les remèdes nécessaires & convena- "bles aux maux qui les pressent, & dont "ils se plaignent.

"Au reste, je n'estime pas que de "telles plaintes soient illicites, pourvû "qu'elles soient respectueuses, & je n'ai "pas apperçu que ceux qui les font, sor- "tent des bornes que la Liberté d'un "Etat populaire doit prescrire.

"Il me semble que nous ne devons pas "autoriser le principe de Mr. Merlat, "qui veut que les Peuples en général re- "gardent tranquilement & sans opposi- "tion

"Si mon cœur par mes sens pouvoit être amoli ;
"O tems ! je te dirois préviens ma dernière heure,
   "Hâte-toi, que je meure ;
"J'aime mieux n'être plus que de vivre avili."

„ tion les entreprises des Magistrats con-
„ traires à leurs Privilèges, & qu'ils doi-
„ vent s'y soumettre comme aux ordres
„ de la Providence. J'estime au contraire
„ que le Peuple doit être attentif sur ses
„ intérêts, sur sa liberté & sur ses droits.
„ Un Peuple indolent & qui porte toutes
„ les charges qu'on lui impose, tombe
„ bientôt dans la lâcheté & l'indifféren-
„ ce pour le Gouvernement. Ainsi sa
„ ruïne est à la porte.

„ La plupart des Magistrats ne se por-
„ tent à faire leur devoir que par la
„ crainte du péril qui suit les négligens.
„ La plûpart des Politiques ont taxé cet
„ Etat & ceux qui le gouvernent de n'a-
„ gir que par cette sorte de principe.

„ Au fond les Magistrats ne sont que
„ Directeurs & Administrateurs des Loix,
„ & ils ne sont point Maîtres. Ceux donc
„ au nom de qui ils régissent, n'ont ja-
„ mais renoncé à un droit naturel à tous
„ les hommes; & qui convient à plus for-
„ te raison à ceux qui composent une
„ societé populaire. Un tel Peuple mé-
„ rite

» rite le nom de libre, & de jouir éter-
» nellement de sa liberté.

„ Le moyen donc sûr & infaillible
» d'éviter le péril des plaintes populai-
„ res, c'est d'en retrancher la cause en
„ faisant son devoir, & en rendant jus-
» tice.

J'ai l'honneur d'être &c.

POST SCRIPTUM.

Il a paru depuis quelques jours une brochure de 8 pages 8°. sous le titre de *Sentimens des Citoyens*. Personne ne s'y est trompé. Il seroit au-dessous des Citoyens de se justifier d'une pareille production. Conformément à l'article 3°. du Titre XI. de l'Edit, ils l'ont jetté au feu comme un infame libelle.

www.ingramcontent.com/pod-product-compliance
Lightning Source LLC
Chambersburg PA
CBHW071503160426
43196CB00010B/1398